KB254145

이성의 섬

이성의 섬

프로그램화된 사회에서 인간 이성이 가야 할 길은 어디인가

이성의 섬

요제프 바이첸바움 · 군나 벤트 지음 | 모명숙 옮김

YANG MOON

차 례

우리가 선택한다

G: 바이첸바움 교수님께서는 강연과 토론, 토크쇼 등 수많은 공식석상에서 거의 매번, 열광적인 컴퓨터 선구자에서 컴퓨터 미래에 대한 격렬한 비판가로 바뀐 분으로 소개되었습니다. 마치 사울이 바울로로 바뀐 것처럼 말이죠. 이러한 변화를 어떻게 설명하시겠습니까?

J: 부디 사울과 바울로로 비교하지는 말아주세요. 그건 당치 않습니다. 제가 이해하고 있는 사울과 바울로의 이야기에 따르자면, 사울은 그리스도인들을 추적하고 박해한 아주 고약한 사내였거든요. 그 후 환영을 보았고 그로부터 다시 며칠 뒤에는 성인으로, 즉 바울로 성인으로 변모했죠.

첫째, 제가 강조하고 싶은 점입니다만, 저는 아무도 박해하지 않았어요. 둘째, 저는 며칠에서 몇 주 혹은 몇 년 만에 사람을 달라지게 만드는 어떤 공현(公現)이나 계시나 환영을 보지 못했어요. 하지만 삶을 돌아보았을 때 좁은 오솔길 같은 게 보여요. 유년기부터 지금까지 계속 이어지고 있는 중요한 길이죠. 이 길은 저의 학문적인 활동과 관련해서 전혀 단절이 없었어요.

G: 그렇다면 컴퓨터 과학자는 궁극적으로 컴퓨터 비판가로 발전할 수밖에 없는 걸까요?

J: 반드시 컴퓨터 비판가로 발전하는 것은 아니에요. 게다가 저는 컴퓨터 비판가가 아닙니다. 그런 개념은 아무런 의미가 없어요. 컴퓨터를 비판하는 것으로는 아무것도 시작할 수 없지요. 저는 컴퓨터 비판가가 아니라 사회비판가예요. 제게는 우리 사회에서 컴퓨터가 지니는 역할이 중요합니다.

G: 컴퓨터는 대체 우리 사회에 어떤 영향을 미치고 있습니까?

J: 제 생각에는 질문을 반대로 해야 할 것 같군요. 사회가 컴퓨터와 컴퓨터의 발전, 그리고 컴퓨터의 의미에 어떤 영향을 미치고 있는가라고 말이에요. 그러니까 관점을 완전히 뒤집어야 해요. 그렇게 해야 가치로부터 자유로운 몰가치성(沒價値性)에 대한 질문이 나오니까요. 저는 컴퓨터가 순전히 작업용 기계라는 말을 종종 듣곤 합니다. 그러니까 컴퓨터는 그저 도구일 뿐이고, 따라서 가치로부터 자유롭다는 말이죠. 그것은 맞는 말이 아닙니다. 어떤 기구나 공구든 그것이 인간의 세계에서 지니는 가치는 사회적 상황에 의해 결정되니까요.

예를 하나 들어볼게요. 벤트 씨는 저를 상당히 잘 알고 있고, 또 제가 평화주의자로서 폭력 없는 세상에 대해 자주 말한다는 것도 알고 있습니다. 벤트 씨가 저희 집을 방문했다고 합시다. 그리고 전화번호부를 찾으려고 책상서랍을 열다가 권총 한 자루가 서랍 안에 있는 것을 발견하는 상황을 상상해보죠. 벤트 씨는 '요제프 바이첸 바움이 집에 권총을 두고 있다니?' 하고 놀랄 겁니다. 그리고 제게 "왜 권총을 가지고 있습니까?"라고 묻겠죠. 저는 "제가 멋진 그림들을 좋아한다는 걸 아시잖아요. 그림들을 걸려면 벽에 못을 박아야 하는데 권총은 그 용도로 쓰이고 있어요"라고 대답할 겁니다.

권총이 좋은 도구인지 나쁜 도구인지는 전적으로 그것을 어떻게 사용하느냐에 달려 있다고 말할 수드 있어요. 맞습니다. 저는 권총을 망치로 이용한다고 말할 수 있을 거예요. 그러나 그건 웃기는 소리예요. 권총의 가치는 권총이 편입된 사회에 의해 결정되거든요. 미국, 특히 미국의 도시에서는 권총이 아주 특정한 기능과 의미를 지니고 있어요. 아주 특정한 가치, 즉 무기로서의 가치를 갖는 거죠.

이제 컴퓨터 이야기로 돌아가죠. 컴퓨터가 전쟁 중에 탄생했으며, 컴퓨터에 대한 거의 모든 연구와 발전이 대부분 군대로부터 지원을 받았고 오늘날도 마찬가지라는 것은 사실이에요. 예컨대 컴퓨터에 볼 수 있는 능력을 부여하는 공학은 성공을 거둘 때마다 곧장 군사 분야에 활용되고 무기에 내장됩니다. 이는 컴퓨터가 선한 의도든 악한 의도든 어떤 목적을 가지고 이용될 수 있다는 것을 의미하죠. 따라서 컴퓨터 그 자체가 가치로부터 자유롭다고 간단히 말할 수 없어요. 우리 사회에서 컴퓨터는 무엇보다도 군사적 목적에 사용되는 수단입니다. 물론 연습용으로만 사용되는 총들도 있기는 하죠. 그러나 우리 사회에서 총 그 자체는 사람을 죽일 수 있는 수단으로서 가치를 갖고 있어요. 컴퓨터의 경우도 마찬가지라서 단순히 도구에 불과한 게 아니에요. 가치로부터 자유롭지 않아요. 컴퓨터로 일을 한다는 것은 결코 가치로부터 자유로운 결정이 아니라는 말입니다.

G: 사람들이 과연 항상 이런 식으로 결정을 내려야 하는 상황에 처해 있을까요? 인간 스스로도 사회적 발전과 변화의 한 부분이지 않습니까?

J: 맞는 말입니다. 저는 지금 여든세 살이고, 살아오면서 수많은 근본적인 변화를 관찰했고 또 함께했어요. 1930년대 초 베를린에서 보낸 유년기를 상당히 잘 기억하고 있습니다. 그때만 해도 길거리에 말이나 마차가 상당히 많았죠. 오늘날 옛날 영화 혹은 그 시대 엽서나 사진을 보면, 길거리에 개인용 자동차가 아주 적다는 것을 알 수 있습니다. 대신 택시, 버스, 마차, 트럭 등이 있었죠. 미국의 사진들에서도 비슷한 모습을 볼 수 있답니다. 당시에는 교통문제 같은 것이 전혀 없었죠. 제2차 세계대전 전만 해도 미국과 유럽의 여러 도시들을 포함해 세계 그 어디에서도 주차장을 찾을 필요가 없었습니다. 그저 목적지까지 차를 몰고 가서 집 바로 앞이나 기껏해야 몇 걸음 걸으면 되는 곳에 주차시키면 되었어요. 하지만 오늘날은 이런 식으로 자동차를 이용하는 것이 불가능해요. 달라져도 너무 많이 달라졌어요. 이는 대단히 인상적인 변화일 뿐 아니라 다음과 같은 몇 가지 의문도 갖게 합니다. 우리가 이것을 원했던가? 누가 그것을 원했을까? 이런 변화는 그냥 자동적으로 나타나는 걸까?

저는 오해받지 않도록 이런 질문에 당장 대답하고 싶습니다. 간단히 대답하자면 과학이나 기술공학의 자율성을 믿지 않는다고 말하고 싶어요. 저는 과학이나 기술이 자기 스스로 결정한다고 생각하지 않아요. 우리가 그냥 그 뒤꽁무니만 따라가면 된다고 생각하지 않는다는 말입니다. 과학의 자율성과 비자율성이라는 관념에는 '가치'의 관념도 포함되니까요.

G: 그렇다면 교수님은 둘 다, 그러니까 과학이 가치로부터 자유롭다는 것도 과학이 자율적이라는 것도 믿지 않으십니까?

J: 앞서 말했듯이 그 둘은 밀접하게 연관되어 있어요. 과학의 자율성을 믿는다면 과학이 가치로부터 자유롭다는 것 역시 믿을 수 있을 거예요. 이것은 기술의 경우에도 마찬가지입니다. 저는 수많은 사람들, 심지어 과학자들도 과학이 발전하는 것에 대해 소박한 관념을 갖고 있다고 생각해요. 과학자는 실험실에서 흰 가운을 입고 있으며, 실험실로 가는 도중에 재미있는 아이디어가 머리에 떠오른다는 식으로 말이에요. 이를테면 그것은 얼룩말처럼 보이는 고양이에 대한 것일지도 모릅니다. 아니면 다른 멍청한 생각일지도 모르지요. 일단 아이디어가 떠오르면 과학자는 재미있다고 생각하고, 전날까지만 해도 전혀 생각조차 하지 않았던 연구를 시작합니다. 그것은 과학자에게 완전히 새로운 일이죠. 과학이 이런 식으로 발전하고 그것이 사회에 영향을 미칠 수는 있지만 사회로부터 영향을 받지는 않는다고 할 때, 이를 자율적인 것이라고 하죠. 그러나 실상은 그렇지 않아요. 그런 식의 생각은 신화일 뿐이죠.

우리는 자연에 엄청 많은 질문을 할 수 있다는 사실을 깨달아야 해요. 언뜻 보면 이것은 당연하게 여겨지는 아주 간단한 문제죠. 그러나 시간은 마냥 주어져 있는 것이 아닙니다. 한 과학자의 수명은 제한되어 있어요. 때문에 필연적으로, 우리가 제기할 수 있는 무수한 질문에서 몇몇을 선택해 연구할 수밖에 없습니다. 이러한 선택에는 물론 가치 판단이 들어가죠. 사람들은 어떤 질문이 다른 질문보다 중요하다고 생각해요. 우리는 선택을 하고, 그 선택은 가치와 결부되어 있어요. 선택은 우리가 살아가고 있는 사회적 환경의 영향을 받아 이루어집니다. 따라서 과학자들이 이런저런 문제를 제기했다는 것은 결코 우연이 아니에요.

G: 결정의 자유는 모든 인간에게 해당됩니다. 이런 질문을 제기할 수 있죠. 나는 인생에서 무엇을 할 것인가? 그러나 이런 질문은 개인적인 결정에 불과한 게 아닙니다. 무엇보다도 사람들이 어떤 식으로든 자기 일을 통해 살아갈 수 있다는 것, 즉 이 사회 안에서 존재할 수 있다는 것을 알아야 합니다. 이를 통해 특정한 영역들이 주어지게 되는 것이죠. 오늘날 컴퓨터가 없거나 컴퓨터 분야에 대한 지식이 없다면 저는 제대로 살아가지 못할 것입니다. 컴퓨터를 거부하거나 컴퓨터 없이 일하고 싶다고 말하는 것은 거의 불가능합니다.

J: 벤트 씨가 말씀하신 게 맞는지 모르겠네요. 미국이나 독일의 경우, 그러니까 과학기술이 고도로 발달한 국가들의 경우에는 거의 누구나 직간접적으로 컴퓨터와 접촉하고 있는 게 확실해요. 그러나 사람들이 일상생활에서 접촉하는 컴퓨터 대부분은 눈에 띄지 않게 숨겨져 있어요. 자동차, 시계, 레코드플레이어, 텔레비전 안에 숨겨져 있죠. 우리는 전기의 도움을 받아 일을 하고 있다는 걸 거의 의식하지 못하는 것처럼, 컴퓨터의 도움을 받아 일을 하고 있

다는 사실도 알아채지 못해요. 물론 이런 사실을 어떤 식으로든 알고 있긴 하지만, 뭔가 고장 났을 때를 빼고는 의식하는 경우가 흔치 않아요.

명백하게 컴퓨터로 하는 일일 경우에도 상황은 마찬가지예요. 티켓 판매와 예약 접수 등 루프트한자 직원들이 하는 일 같은 것을 생각해보죠. 직원들은 종일 모니터 앞에 앉아 있지만, 이 장치 배후에서 어떤 일이 벌어지는지에 대해서는 전혀 알 필요가 없어요. 즉, 모니터 속에 회로들이 있든, 난쟁이들이 숨어 있든 상관없죠. 직원들은 컴퓨터 자체에 대해 아무것도 몰라도 돼요.

고도의 과학기술 영역에서도 사정은 마찬가지예요. 루프트한자의 거대한 비행기 보잉 747기의 기장을 다시 생각해봅시다. 이 비행기에는 컴퓨터가 수백 개나 됩니다. 그러나 베이직(Basic)이나 포트란(Fortran) 같은 컴퓨터용 고급 프로그래밍 언어를 안다고 해서 기장에게 도움이 되는 것은 아니에요.[1] 프로그래밍 언어들은 기장이 컴퓨터와 만나는 것과 아무런 관련이 없어요. 그 만남이 대단히 간접적이기 때문이죠. 컴퓨터에 대한 이해는 극히 소수의 인간들에게만 필요할 뿐이에요.

[1] 베이직은 1960년대 말 미국 다트머스대학의 켐니 교수가 개발해 주로 퍼스널컴퓨터에 채용되고 있으며, 간단한 영어의 어구를 기반으로 한 명령이 쓰이고 있어서 쉽게 배울 수 있다. 포트란은 1954년 IBM 704에서 과학적인 계산을 하기 위해 시작된 컴퓨터 프로그램 언어이다.

컴퓨터의 역사에 대하여

G: 교수님은 언제 어떻게 컴퓨터를 접하시게 되었습니까?

J: 제 전공 쪽의 과학자들 대부분과 마찬가지로 순전히 우연이었어요. 디트로이트 소재 웨인대학에서 수학을 공부할 때니까 1940년대 말이었죠. 당시 컴퓨터를 구축하는 일에 조수로 참여해 달라는 제안을 받았어요. 저는 물론 완전히 새로운 일에 동참한다는 생각에 들떠 선뜻 동의했어요. 그 다음 일은 아실 거예요. 그 후 이 분야를 떠나지 못했으니까요.

그러니까 저는 처음을 함께한 셈이죠. 당시만 해도 컴퓨터가 어찌나 컸던지 건물 전체를 채울 정도였어요. 기능 면에서는 오늘날의 포켓용 전자계산기보다도 용량이 훨씬 적고 느렸지만 말입니다. 제가 다니던 대학에 선보인 최초의 컴퓨터는 강의실을 통째로 채웠고, 열을 얼마나 많이 발산했는지 겨울에 도서관 전체를 따뜻하게 데울 정도였어요. 우리는 깊은 인상을 받았고, 거인과도 같은 이 컴퓨터를 '회오리바람'이라고 불렀어요. 그 다음 컴퓨터는 덩치가 훨씬 더 커서 우리는 '태풍'이라고 불렀죠. 하지만 오래 가지 않아서 소형화에 대한 강한 욕구가 표출되었어요. 그리고 점점 더 크기가 작아지게 되었죠.

G: 그 배후에는 어떤 구체적인 관심들이 있었을까요?

J: 물론 군사적 관심이었던 게 분명해요. 군대는 컴퓨터를 저 하늘 위에서도 사용하려고 합니다. 우주선과 비행기만이 아니라 무기에도 넣어서 말이에요. 로켓 내에 장착하기 위해서는 모든 것의 크기가 점점 작아져야 했어요. 컴퓨터 분야에서 이루어진 거의 모든 발전은 군사적 필요에서 그 연원을 찾을 수 있답니다.

G: 컴퓨터는 미국에서만이 아니라, 영국과 독일에서도 거의 동시에 독립적으로 각각 '고안' 되었습니다. 튜링(Alan Turing)[1]과 추제(Konrad Zuse)[2]는 컴퓨터 분야의 선구자로 통하지요.

J: 제가 과학적 발전의 조건에 대해 말한 것을 역설적으로 보여주는 부분이네요. 특정한 시대와 사회적 상황에서, 일반적으로 인류 대부분에게 너무 절실하게 여겨지는 질문들이 생겨나고 답변이 이루어집니다. 즉, 그 질문들을 과학적으로 연구해야 하는 필요성을 절실히 느끼는 거예요. 따라서 세계 여러 곳에서 여러 과학자

[1] '튜링 머신(Turing machine)'을 고안해 오늘날 쓰고 있는 계산기의 수학적 모델을 제공한 영국의 수학자이자 논리학자.
[2] 전기로 작동하는 기계식 컴퓨터 Z1을 제작한 독일의 공학자.

들이 동시에 너무 비슷하거나 심지어 동일한 연구 내용에 도달했거나 도달하고 있다는 것은 결코 우연이 아니에요.

　미국에서 컴퓨터는 원래 군사적 목적만을 위해 개발되었어죠. 민간용이 아니라 탄도(彈道)[3]를 정확히 계산해내는 것이 중요한 목적이었어요. 그리고 컴퓨터가 이를 위한 이상적인 해결책이라고 기대했죠. 미국에는 두 명의 '발명가' 또는 컴퓨터 선구자가 있었죠. 초대형 진공관 컴퓨터 애니악(ENIAC: Electronic Numerical Integrator And Calculator)을 만든 에커트(John P. Eckert)와 모클리(John W. Mauchly)가 그들이었어요. 한 사람은 엔지니어이고 다른 한 사람은 물리학자예요. 이 두 사람이 펜실베이니아에서 처음으로 컴퓨터를 만들었죠. 또 하버드대학 교수였던 에이컨(Howard A. Aiken)[4]의 이름도 거론해야겠지요.

　영국에도 여러 발명가가 있는데, 튜링이 가장 유명해요. 그의 수학적 작업은 오늘날까지도 인정받고 있고 높이 평가되고 있죠. 튜링은 제2차 세계대전 중에 독일군의 암호 체계 '에니그마(Enigma)'[5]를 풀 수 있는 방법을 개발했어요.

　1938년 독일에서 추제가 제작한 최초의 컴퓨터를 독일 군대, 그러니까 나치 시대의 국방군은 획기적인 발명으로 인식하지 못했어요. 추제로서는 당시 전쟁을 주도하던 독일 정부에게 컴퓨터가 중요한 일을 해낼 수 있다는 것을 납득시키지 못했죠. 미국에서와

---

[3] 발사된 탄알이나 미사일이 목표에 이르기까지 그리는 선.
[4] 미국의 수학자이자 디지털 컴퓨터의 선구자.
[5] 그리스어로 '알 수 없는 질문', 즉 수수께끼라는 뜻.

는 아주 달랐어요. 물론 제2차 세계대전 후에는 미국에서도 컴퓨터 사용의 중요한 목적을 더 이상 인식할 수 없었어요. 그래서 펜타곤 (미국 국방부)은 컴퓨터 분야의 연구를 위한 재정적인 후원을 상당히 줄였답니다.

물론 로스앨러모스[6]의 핵실험용 컴퓨터도 있었어요. 그리고 민간 사용 목적을 위한 컴퓨터가 처음으로 발명되었죠. 당시 컴퓨터가 장차 민간용이 될 거라고 믿은 유일한 곳은 '유니박(UNIVAC: Universal Automatic Computer)'[7]을 개발한 회사뿐이었어요. 이 회사는 오늘날 거의 알려져 있지 않아요. 하지만 당시에 '유니박'은 거의 '컴퓨터'와 동의어였어요. 그럼에도 나중에 IBM이 최초의 대형 계산기를 선보이자 사람들은 대개 IBM이 '유니박'을 만들었다고 말하곤 했죠.

물론 미국에서 컴퓨터의 군사적 필요성은 금세 다시 대두되었어요. 한국전쟁과 냉전으로 컴퓨터 연구의 새로운 시대가 시작되었거든요. 그 후 펜타곤이 지불하는 연구비는 지속적으로 증가했어요. 예컨대 제가 수십 년 동안 학생들을 가르친 MIT를 가장 중요한 연구소로 본다면, 그 연구소의 연구 프로젝트 대부분이 펜타곤의 재정지원을 받았고 지금도 마찬가지예요. 다소 노련하게 위장한다 하더라도 그러한 지원이 궁극적으로 군사적 목적을 위한 것임은 아주 분명해요.

---

[6] 미국 뉴멕시코 주의 북부에 있는 작은 도시로, 1942년 설립된 원자력연구실험소에서 최초의 원자폭탄을 제조했다.

[7] 1946년 에니악을 완성시킨 에커트와 모클리의 회사를 매수한 레밍턴 랜드사가 다시 에커트와 모클리를 통해 1951년 개발한 최초의 상업용 컴퓨터이다.

G: 그렇게 위장하는 것을 어떻게 생각하십니까?

J: 예를 하나 들어보죠. 매사추세츠 주의 케임브리지에서 대학 근처를 산책할 때였어요. 어떤 젊은 남자가 다가오더니 몇 년 전에 제 수업을 들었다고 말하더군요. 그 사람은 무척 기쁜 표정으로 열광하며 제가 자기의 박사논문 주제를 찾아주었다고 이야기했어요. 그 사람의 이야기를 그대로 재현해볼게요.

커다란 모니터를 상상해보세요. 이 모니터에서는 곰과 고양이를 '생생한 색깔로' 볼 수 있답니다. 모니터 앞에는 어린 소녀가 앉아 있어요. 여덟 살이나 아홉 살쯤 된 여자아이죠. 아주 아름다운 장면이에요. 이제 고양이가 곰에게 공을 던지고 곰은 그 공을 잡습니다. 그 다음에는 곰이 공을 고양이에게 되넘기고, 이런 동작이 반복됩니다. 무척 귀엽겠죠! 그때 저는 이 어린 소녀가 시스템—이제 이것을 시스템이라고 부릅시다—에 대고 이렇게 말하는 모습을 상상할 수 있습니다. "귀여운 곰아, 누군가가 네게 뭔가를 주면 '정말 고맙습니다' 하고 인사해야 해."

그러고 나서 소녀는 다시 처음부터 시작합니다. 고양이가 곰에게 공을 던지고, 곰은 공을 받고는 "작은 고양이야, 고마워!"라고 말합니다. 이것이 저의 옛 제자가 자기 연구에 대해 묘사한 내용이에요.

컴퓨터에 대해 좀 아는 사람이라면 누구나 이것이 까다로운 문제들을 제기하고 있음을 금세 알아챌 겁니다. 그중 하나가 언어 인식이죠. 소녀는 자판을 두드리지 않고 그냥 "귀여운 곰아……"라고 말합니다. 그러면 연결선과 상관없는 시스템 변화가 이루어지죠. 그러나 시스템이 꺼지는 것은 아니에요. 내일 이 시간쯤이 돼야 변화가 성공적으로 이루어졌는지 알 수 있는 게 아니라는 겁니다. 가시적인 변화가 당장 일어나야 하는 거예요. 그런 일을 수행하기란 엄청 어렵습니다. 저는 그 학생이 그 일을 해냈다면 마땅히 박사 학위를 받았을 거라고 생각합니다.

어쨌든 저는 그 학생의 연구 과제를 제대로 이해했는지 알고 싶어서, 제가 다시 한번 문제 제기를 해봐도 괜찮은지 물었어요. 그 학생은 물론 괜찮다고 말했어요. 그래서 저는 이런 문제를 던져보았죠.

"좋아요. 전투기에 어떤 조종사가 앉아 있다고 합시다. 전투기 시스템이 조종사에게 말합니다. '기장님, 저 아래 탱크들이 도열해 있는 게 보입니다. 어떻게 할까요?' 그러자 조종사가 시스템에게 자연스런 말투로 대답합니다. '그런 게 보이면 로켓을 발사해. 내게 다시 물어볼 필요가 없어. 그렇게 해.' 그러면 시스템이 이렇게 말합니다. '기장님, 알겠습니다.' 그러고는 곰의 경우와 마찬가지로 곧장 프로그램을 변경하여 로켓을 발사합니다."

저는 그 젊은이에게 이렇게 설명하고, "그런가요?"라고 물었어요. 그러자 "네, 그렇게 말할 수도 있겠네요"라고 답하더군요. 그래서 다시 이렇게 물었죠. "그 연구비용은 누가 지불하나요?" 그러자 그 사람이 대답했어요. "그야 공군이죠!"

1980년 이전, 그러니까 레이건 정부 이전만 해도 펜타곤이 연구를 맡길 때 무기 시스템의 이름을 실제로 거론하는 일은 극히 드물었어요. 가능한 한 완곡하게 표현했죠. 그러나 《타임*Time*》지가 신(新)애국주의 시대라고 말하던 1980년대 초에 이르러 펜타곤은 무기 시스템의 이름을 그대로 부르기 시작했어요. 어쨌든 저는 이 학생에게 역사에 대한 저의 해석이 그의 설명보다 우리의 사회적 현실과 진실에 보다 가깝다는 점을 납득시킬 수 있었어요. 실제로 펜타곤이 전략 컴퓨팅 계획(SCI: Strategic Computing Initiative)[8]를 내에서 '보조 조종사' 의 육성에 헌신했으니까요.

G: 가능한 한 오래 눈을 감은 채 실제 현실을 보지 않으려는 우리의 마음을 말해주는 참으로 인상적인 예입니다. 하지만 그럼에도 오늘날에는 컴퓨터의 사용이 유용할 뿐만 아니라 전혀 다른 방법으로 일상 속에서 또는 심지어 생명이 걸린 중차대한 상황에서도 인간들에게 도움이 되는 경우가 있습니다.

J: 컴퓨터를 그렇게 사용하는 경우도 물론 있죠. 저는 컴퓨터가 주로 군대의 수단이라고, 즉 우리의 세계에서는 대량학살의 도구라고 말하곤 했어요. 그럴 때마다 병원과 학교에서 인간을 위해 컴퓨터가 사용되고 있음을 인식하지 못한다고 비난을 받곤 했지요. 하지만 그렇게 간단하지가 않아요.

제게 자주 제시되는 그 전형적인 예가 CAT 스캐너[9]예요. 그런데 CAT 스캐너에 대해, 그러니까 컴퓨터 단층 촬영에 대해서는 정말 어떤 부정적인 것도 말할 게 없을까요? 물론 제가 아는 한 이 장비 때문에 해를 입은 사람은 아직까지 없어요. 오히려 그 반대죠.

---

[8] 컴퓨터 분야에서 미국이 상시 지도적 지위를 점유하여 모든 분야에 응용할 목적으로 국방부 산하 방위고등연구기획국(DARPA)이 투자하여 실시하고 있는 계획.
[9] 병원에서 환자의 병명 진단에 널리 쓰이는 단층 촬영 장비.

이 장비는 실제로 검사에 상당히 도움이 됩니다. 의사가 수술 필요 여부를 결정할 때 도움을 주거든요. 또 종양의 정확한 위치를 찾도록 도와주기 때문에 수술의 성공 가능성도 높아져요. 이렇게만 본다면 인류 전체에게 유용한 도구라고 할 수 있겠죠.

하지만 이제 이러한 직접적인 관점을 떠나 좀더 멀리 떨어져서 사안을 살펴볼게요. 우선 컴퓨터 단층 촬영이 어떤 사회적 맥락에서 사용되고 있는지 물어봐야 해요. 이런 문제를 제기하고 나면, 이 스캐너가 지닌 찬란한 성공의 모습에 어두운 그림자가 드리워질 거예요. 미국에서는 CAT 스캐너 때문에 의사를 단 한 번도 만나보지 못할 뿐 아니라 의학적 치료를 전혀 받지 못하는 가난한 환자들이 여전히 무척 많은데, 앞으로도 그럴 겁니다.

G: 교수님께서는 이 장비 때문에 치료비가 훨씬 더 인상될 거라고 생각하시는군요.

J: 미국의 의사와 병원들은 시장경제 시스템의 한 부분인데다 의료사고 때문에 고소당할 위험에 항상 노출되어 있어요. 따라서 의사와 병원 모두 이런 고소에 확실하게 대응해야 할 필요성이 절실하게 존재하죠. 그 결과 그렇지 않아도 비싼 의학적 치료비용이 더욱 올라가고 있습니다.

이것뿐만이 아니에요. 예를 하나 들어볼게요. 제가 의사에게 가서 오른손 새끼손가락이 아프다고 하소연한다고 합시다. 그러면 의사는 약간 과장해서 말하면, '완벽한 검사'를 할 겁니다. 이를테면 며칠씩이나 걸려 X-선 촬영, CAT 스캔, 혈액검사 등 할 수 있는 온갖 검사를 할 거예요.

손가락 통증을 치료하기 위해 시급하게 필요한 조치라서 그렇게 하는 게 아니에요. 나중에 어떤 비난도 받지 않으려고 그렇게 하는 겁니다. 제가 손해배상청구를 할 명분이 될지도 모를 어떤 빌미도 남기지 않으려는 거죠. 그러니까 의사의 이런 조치는 컴퓨터 단층 촬영은 물론이고 의학적 치료와도 관련이 없어요. 그보다는 우리가 살아가고 있는 사회와 연관이 있는 겁니다.

그동안 미국의 거의 모든 병원은 CAT 스캐너를 여러 대 갖추게 되었고 품질도 점점 더 나아지고 있어요. 이 스캐너의 구입과 정비에 드는 비용이 너무 커서 보건당국이 이 장비의 기술적인 발전 때문에 오히려 고생을 하고 있을 정도예요. CAT 스캐너도 다른 수많은 기술적 성과물들과 마찬가지로 이 장비가 편입되어 있는 사회적 상황 속에서 조명해봐야 한다는 걸 아실 거예요. 그런 다음에야 이 장비의 효과를 제대로 평가할 수 있을 테니까요.

이러한 맥락에서 다시 한번 강조하고 싶은 게 있어요. 미국 경제가 군사 분야에 상당히 의존하고 있다는 사실을 유럽이 여전히 과소평가하고 있다는 점이에요. 그리고 소위 민간 영역 역시 적어도 간접적인 '지원'을 통해 군대가 이용하는 프로젝트로 가득 차 있다는 점 역시 과소평가되고 있어요. 컴퓨터 그림 인식의 경우, 예컨대 소위 컴퓨터의 시각적 지각 능력 향상에 어떤 식으로든 영향을 미칠 수 있는 성과라면 무엇이든지 군대가 즉각 활용할 게 아주 분명해요. 이는 이미 결정되어 있는 사안이라고 볼 수 있죠. 컴퓨터 공학자가 이를 모른다고 주장하면 안 됩니다. 오히려 아주 정확히 인지하고 있으니까요.

이번 주제는 간단한 예화를 제시하면서 마무리할까 합니다. 아주 오래전부터 생각한 이야기예요. 어쩌면 이 주제에 대한 제 생각을 가장 일찌감치 드러낸 이야기일 것 같네요. 어떤 강제수용소에서 오늘 누가 얼마나 많은 음식을 받는가, 오늘 누가 어디에서 얼마나 오래 일해야 하는가, 오늘 누가 죽어야 하는가 등의 모든 사안이 컴퓨터로 정해진다고 상상해보세요. 수용된 두 사람이 서로 이야기하는 소리가 들립니다. 한 사람이 다른 사람에게 이렇게 말합니다.

"그래도 컴퓨터가 인간적으로 사용되는 경우도 틀림없이 있을 거야."

그러자 다른 사람이 이렇게 대꾸합니다.

"그럼, 확실히 그럴 거야. 하지만 강제수용소에서는 아냐."

저는 이 이야기를 통해 컴퓨터가 제정신이 아닌 우리 사회 안에 편입되어 있다고 말하는 겁니다. 텔레비전과 똑같이 말이죠. 모든 것이 이 사회에 편입되어 있어요. 그리고 이 사회는 분명히 제정신이 아니에요. 그 사실을 확인하려면 날마다 신문을 들여다보는 것만으로 충분하죠. 우리가 개발하는 멋진 도구, 인간 정신의 결실, 인간의 연구 중 가장 탁월한 성과물 등이 정신 나간 이 사회에서 정말로 인간을 위해 투입될 수 있는지 의심스러워요.

특히 텔레비전을 예로 들고 싶네요. 텔레비전이야말로 대단히 설득력 있는 논거일 테니까요. 우리가 독일 가정의 거실에 앉아 있다고 상상한다면, 그곳에는 '생생한 색깔' 의 화면을 보여주는 대형 컬러텔레비전이 있을 겁니다. 브라질에서 열리는 축구경기를 보고 있는 중이라고 해두죠. 그것도 오늘날 자주 말하는 것처럼 실시간으로 말이에요.

　　이제 인간 정신의 어떤 결실이 여기에 관여하고 있는지 생각해볼게요. 인공위성이 있어야겠죠. 인공위성은 저기 우주 공간에 설치되어 있어요. 일단 설치되면 그곳에서 시간을 보내야 하죠. 이 말은 무거운 인공위성을 정확히 자리 잡게 하려면 상상을 초월할 정도로 정밀한 로켓을 만들어야 한다는 걸 뜻해요.

　　그 다음에 텔레비전을 생각해보죠. 브라질의 축구장에서 만들어진 전자 신호는 무려 2만 마일을 날아와 정확히 우리 집 텔레비전에 도달합니다. 공중에 떠 있는 무언가—전자기 신호를 말합니다—로부터 우리가 보는 그림이 생겨난다는 것은 정말 놀라운 일이에요! 그저 놀라운 일만이 아니라 마땅히 경탄할 만한 가치가 있는 일이죠. 인간은 이러한 성과에 대해 정말 자긍심을 느낄 만해요. 모든 것을 고안하고 만들어낼 수 있는 인간 정신은 정말로 찬양할 만한 타당한 이유를 갖고 있습니다.

　　이제 질문을 해볼게요. 인간이 이룩한 특별한 성과라고 할 수 있는 이러한 엄청난 보물을 가지고 우리는 무엇을 하고 있나요? 우리는 날마다 텔레비전에서 무엇을 보고 있나요? 우리가 보고 있는 것은 폭력, 살인, 어리석은 짓, 광기, 무의미한 행위들 아닌가요? 대부분 불합리한 것들이죠. 물론 우리는 이 도구에 대해 대단히 큰 기대를 갖고 있어요. 그럼에도 이 도구는 다른 사회에서라면—저는 원래 '건전한 사회'라고 말하고 싶지만 이 개념을 쓰기에는 역사적인 부담이 큰 게 유감입니다—아마도 대단히 아름답고 대단히 선한 것을 만들 수도 있겠지만, 우리의 미친 사회에서는 앞서 말한 대로 어리석음, 광기, 무의미를 만들어내고 있을 뿐입니다.

텔레비전과 인터넷

J: 우리 사회에 고도로 발전한 과학기술과 어리석고 우스꽝스런 것들이 공존하는 현상을 과소평가해서는 안 됩니다. 바로 이 현상이 우리의 실제 현실을 규정하고 있어요. 우리 일상을 규정한다는 말입니다. 텔레비전은 그 안에 엄청난 것을 갖고 있어요. 미국의 중상층 가정마다 보통 n+1대의 텔레비전이 있는데, 여기에서 n은 각 가정에 거주하는 사람의 수를 말해요. 그러니까 누구나 자기 소유의 텔레비전을 갖고 있는 셈이죠. 물론 어린아이들도 그 수에 포함돼요.

G: 그런데 +1은 무슨 의미입니까?

J: 대부분의 가정에 대대적인 스포츠 방송을 시청하기 위한 별도의 텔레비전이 한 대 더 있다는 말입니다.

어쨌든 텔레비전은 모든 가족 구성원들이 진실을 알게 되는 근원이에요. 텔레비전을 시청하는 가족 구성원들에게 세상에서 벌어지고 있는 일을 소위 실시간으로 보여주니까요. 그래서 시청자들은 그 현장에 함께 있는 것 같은 착각을 하게 되죠. 오래전에 미국에서 본 뉴스가 생각납니다. 그 뉴스에서 진행자는 말미에 꼭 이런 말을 덧붙였어요.

"바로 그렇습니다!"[1]

그 다음에는 매번 날짜만 언급했어요. 그러니까 말하고자 하는 바는 분명했어요. 세상에서 정말 무슨 일이 일어났는지 이제 정말 알았다는 뜻이었죠.

세상에서 일어나는 일들 가운데는 비밀에 부쳐지거나 통제되는 것들이 있어왔고 또 오늘날에도 그러한 것들이 있습니다. 분명한 것은 '화면의 진실'이 특정한 목적에 따라 제조되고 생산된 진실이라는 점이에요. 화면의 진실은 그것을 선택하고 모은 사람들의 진실입니다. 오늘날은 영상, 즉 텔레비전 영상을 얼마든지 조작할 수 있어요. 우리는 그 영상이 진짜인지 아닌지 제대로 분간할 수 없습니다. 우리가 화면에서 보고 있는 것이 실제 현실인지, 아니면 실제로 그렇다고 믿도록 속고 있는 것인지 확신할 수 없어요.

언뜻 보면 사람들 눈에 거의 띄지 않는 예를 들어보겠습니다. 1989년에 미국의 파나마 개입이 있었죠. 민주주의를 도입한다

---

[1] And that's the way it is! 관용적인 표현으로 '늘 그런 식이다' '일은 그렇게 흘러간다' 등의 의미를 지니고 있다.

[2] 1969년 오마르 토리호스의 군사 쿠데타 후 군 정보부사령관에 취임했고, 1981년 대통령 토리호스가 비행기 사고로 사망하자 실권을 장악, 1983년 군 최고사령관이 되었다. 1984년 16년 만에 직선제에 의해 당선된 대통령 바를레타와 1985년 그를 계승한 대통령 델바에 위에 군림하면서 권력을 휘둘렀다. 1989년 12월 미국은 전면적인 파나마 침공을 단행, 그를 수반으로 하는 파나마 군부 주도 정권을 전복시키고 기예르모 엔데라 정부를 승인했다.

는 명분으로 말이에요. 그 결과 파나마 대통령 노리에가(Manuel Noriega)[2]가 권력을 잃고 체포되었죠. 그때 미국의 텔레비전은 날마다 파나마의 대중시위 모습을 보여주었어요. 이 모습에서 문득 눈에 띄는 점이 있었습니다. 시위에 참여한 대부분의 사람들이 백인이라는 사실이었어요. 파나마 국민의 대다수가 백인이 아닌 것은 세상이 다 아는 일이죠. 결과적으로 제 생각에는 이것이 어쨌든 파나마 문제에서 미국 국민들이 미국의 정책을 용인하게 만드는 데 상당히 유리하게 작용한 것 같아요. 그래도 이 정도는 그나마 비교적 해가 없는 사례예요. 주지하다시피 훨씬 더 극단적인 예들도 있습니다.

G: 텔레비전에 비해 인터넷은 어떤 가능성을 제공할까요?

J: 이제는 컴퓨터 모니터 역시 진실의 근원으로서 텔레비전 화면과 한패가 되었어요. 두 화면은 서로를 보강하고 있죠. 월드 와이드 웹(World Wide Web, WWW)은 이 세상에서 중요한 모든 것을 포함하고 있는 것처럼 보여요. 이루 다 조망할 수 없는 엄청난 자료의 물결이 월드 와이드 웹을 통해 집안으로 밀려드는 바람에 놀라움을 금치 못할 정도죠. 그러나 그 결과를 보면 의도적인 위장 정보가 넘쳐나는 걸 알 수 있어요.

뿐만 아니라 간과해서는 안 되는 점이 있는데, 텔레비전 프로그램과 마찬가지로 이 엄청난 인터넷 자료의 물결 역시 선택을 의미한다는 점입니다. 엄청난 자료의 물결을 통신망 속에 집어넣은 사람이 내린 선택 말이에요. 따라서 인터넷은 텔레비전 화면과 사정이 거의 다를 바 없는 엄청난 쓰레기 더미예요. 물론 그 속에도 진주가 몇 개 존재한다는 점은 인정합니다. 하지만 그것은 그냥 주어지는 게 아니라 우리가 찾아내야 해요.

G: 하지만 인터넷은 수많은 사람들이 다양한 정보를 얻을 수 있는 가능성을 제공하고 있습니다. 오랫동안 여러 이유로 그 가능성이 배제되었던 사람들에게 말입니다.

J: 어떤 맥락에서는 '정보'라는 단어를 대단히 신중하게 사용해야 해요. 이 단어가 과도하게 사용될 뿐만 아니라 잘못 사용되기도 하니까요. 컴퓨터 속의 신호들은 정보가 아니에요. '그냥' 신호일 뿐이죠. 신호들을 정보로 만드는 방법은 단 하나뿐이에요. 이를테면 신호들을 해석하는 거죠. 그럴려면 인간의 뇌를 사용해야 해요. 해석은 당연히 정신적인 작업을 의미하니까요.

그러면 인터넷 속의 쓰레기 문제를 다시 한번 살펴볼게요. 그동안 인터넷이 대중매체가 되었다는 사실을 망각해서는 안 됩니다. 모든 대중매체가 만들어내는 정보 중 95퍼센트가, 그러니까 거의 대부분이 말도 안 되는 불합리한 것이에요. 그런데 이것이 마치 자연법칙인 것처럼 당연하게 여겨지고 있어요. 방금 텔레비전에 대해 말을 했습니다만, 항상 똑같아요. 처음에는 라디오와 텔레비전 같은 대중매체가 소망, 비전, 희망 등과 결부되었어요. 사람들은 이런 매체에 대해 전반적으로 낙관하는 분위기였고, 심지어 행복감에 젖기까지 했죠. 예컨대 인간들의 일반교양이 향상될 거라고 기대한 거예요.

예전에 후버(Herbert Hoover)[3]가 한 연설이 떠오릅니다. 그가 경제장관으로 재직하던 1926년에 라디오의 첫 출시에 즈음해 필라델피아에서 한 감동적인 연설이었어요. 그는 이제 지식과 문화가 온 나라에 보급될 수 있게 되었다며 무척 기뻐했어요. 문화와 언어가 장차 완전히 새로운 의미를 갖게 될 거라는 예언도 했죠. 그런데 오늘날도 그런 주장을 하는 사람이 있다면 로스앤젤레스에서 뉴욕까지 계속 자동차를 타고 가면서 줄곧 라디오를 듣게 해봐야 합니다.

이제는 인터넷에서도 똑같은 희망이 퍼져가고 있어요. 즉 오늘날은 그 어디에서건 그 무엇이든 인터넷에서, 즉 월드 와이드 웹에서 거의 모든 질문과 답을 찾을 수 있다고 말입니다.

워싱턴 소재 미국 도서관, 즉 의회 도서관의 모습을 떠올려보죠. 정말 인상적인 건물입니다. 어느 가족이 이 볼거리를 방문했다고 상상해봅시다. 부모가 아이들에게 인류의 지식 가운데 기록된 것 거의 전부를 이곳에서 찾아볼 수 있다고 설명합니다. 그러면 어린 딸이나 아들은 이런 생각을 할 거예요.

"그렇다면 이제 질문을 하고 답변을 기다리면 되겠네."

하지만 그렇게 간단하지 않아요. 사람들은 인터넷에서 구할 수 있는 자료들이 충분하다는 것 때문에 질문만 하면 정답이 바로 나온다고 착각하고 있어요. 유감이지만, 이 말은 여러 이유에서 맞

---

[3] 미국의 정치가이자 제31대 대통령(재임 1929~1933). 대통령 당선 후 심각한 경제 불황을 타개할 대책을 수립하고 군비 축소를 추진하는 한편, 라틴아메리카 여러 나라와의 우호관계 유지 및 선린외교의 기초를 구축했다. 또한 제2차 세계대전 후에는 트루먼 대통령의 요청으로 세계의 식량 문제를 개선했고, 행정부문 재편성위원회(후버위원회) 위원장으로 활약했다.

지 않아요. 인터넷은 동전을 넣으면 원하는 것을 얻을 수 있는 자동 판매기처럼 작동하지 않거든요.

뿐만 아니라 월드 와이드 웹을 마음대로 이용할 수 있는 가능성 때문에 누구나 정보사회에 접근할 수 있다는 말도 맞지 않아요. 정보사회에 접근할 수 있는 본질적인 기준은 인터넷 자체와는 거의 무관해요. 그 기준은 오히려 지갑 속에 들어 있는 신용카드예요. 신용카드를 심지어 정보사회의 회원카드라고까지 부를 수 있을 거예요. 신용카드를 갖고 있지 않은 사람은 분명히 정보사회의 회원이 아니에요.

또한 '누구나' 라는 말처럼 흔히 쓰이는 낱말 역시 오늘날 과도하게 사용되고 있어요. 심지어 잘못 사용되기도 하고요. 그런데도 우리는 마치 '누구나' 인 것처럼 행동하고 있죠.

"누구나 머지않아 개인용 컴퓨터를 가질 겁니다."

"누구나 월드 와이드 웹에 접근할 수 있습니다."

이런 광고가 있는데, 그렇지가 않아요. 전세계 사람 대부분이 개인용 컴퓨터를 갖지는 못할 거예요. 세계의 부유한 나라 중 하나인 미국에 사는 유색인종 여성 대부분이 임신 중에 의사를 한 번도 만나지 못하고 있고 또 가까운 장래에도 상황이 바뀔 것 같지는 않은데, 이런 사정과 마찬가지예요.

이른바 정보사회에 대한 이야기로 다시 돌아가죠. 월드 와이드 웹에서 사용하는 언어는 예나 지금이나 영어예요. 하지만 세계 인구의 절반도 훨씬 넘는 수가 영어를 몰라요. 이 언어도 이들을 배제시키는 요인인 셈이죠.

G: 본론으로 다시 돌아가겠습니다. 교수님께서는 앞서 인터넷 속의 진주를 언급하셨는데요. 그러니까 인터넷에 진주도 있습니까?

J: 물론 인터넷에는 진주도 있어요. 그러나 그 보물을 찾아내기 위해서는 이용자에게 어떤 능력이 필요해요. 이미 잘 알고 있는 전문 분야를 선택해야 하니까요. 어쨌든 많이 알고 있어야 좋은 질문을 만들어낼 수 있어요.

G: 좋은 질문이란 어떤 것인가요?

J: 벤트 씨가 방금 한 질문 같은 경우죠. 이해를 돕기 위해 제 가족 이야기를 하나 예로 들어보죠. 딸 중 한 아이가 일곱 살 때였을 거예요. 그 아이가 제 곁에 앉아 카메라를 뚫어지게 바라보다가 이렇게 물었어요.

"숫자 1.4, 2, 2.8, 4, 5.6, 8이 서로 무슨 관계가 있어요?"

아이는 카메라 대물렌즈에 있는 숫자를 읽고, 그 숫자들이 서로 어떤 관계에 있는지 알고 싶어했죠. 저는 즉흥적으로 이렇게 대답했어요.

"그거 좋은 질문이네."

숫자의 내용을 설명하기 전에 제가 아이의 질문에 얼마나 깊은 인상을 받았는지 먼저 말하려고 했던 거죠. 아이는 긴장을 늦추지 않고 계속 물었어요.

"좋은 질문이 뭐예요?"

저는 또다시 이렇게 확인시켜주는 도리밖에 없었어요.

"그것도 좋은 질문이구나."

제게 있어서 좋은 질문이란 예컨대 물리학에서 하는 어떤 실험의 구상에 비할 수 있어요. 우선 많이 알아야만 연관성을 만들어내고, 예를 들면 물리학에서처럼 실험을 생각해낼 수 있어요. 그 과정에서 본질을 묻게 되죠. 이렇게 하는 배후에는 실험에 대한 생각이나 구상이 존재하고 있어요. 제 어린 딸은 카메라 있는 일련의 숫자들 내에 어떤 연관이 있다는 것을 알았거나 적어도 추측했을 거예요. 이것만으로도 통찰이에요. 그런 통찰을 일곱 살 된 아이 누구나 가지고 있지는 않을 거예요. 어쨌든 딸은 한참 있다가 제게 다시 이렇게 물었어요.

"아빠, 몇 시예요?"

그러고는 이렇게 덧붙이더군요.

"시계가 어떻게 작동되는지 지금 알려고 하는 건 아니에요."

제 딸 이야기와 그 아이가 어렸을 때 한 질문에 대해서는 이쯤 해두죠.

예컨대 문법이라는 주제에 대한 질문을 갖고 인터넷에 들어간다면, 실제로 금은보화나 진주 한 자루를 발견할 수 있을 거예요. 그러나 검색 엔진에 단지 '문법'이라는 개념어만 치는 것으로는 부족해요. 특수한 질문을 갖고 있어야 해요. 그 질문은 저로 하여금 계속 나아가게 하여 뭔가 새로운 것에 이르게 하는 것과 만나기 위한 전제예요. 이는 우연히 다른 것과 연결되게 만드는 간단한 '서핑'과는 완전히 다른 거예요. 이처럼 제멋대로 하는 자의적인 서핑의 결과는 쓰레기만 금세 산더미처럼 쌓이게 되죠. 우리는 연구를 통해 사태를 파악하는 대신 '구글'을 검색합니다. 하지만 많은 채팅

그룹과 뉴스 그룹이 상당수 불합리한 것과 연관되어 있다는 사실이 속속 드러나고 있어요. 텔레비전과 아주 유사합니다.

G: 하지만 사람들은 인터넷에서 수동적인 소비자로만 있는 게 아니라 능동적으로 무언가를 집어넣을 수도 있습니다. 다시 말해 인터넷을 이용해 자신의 의견을 개진할 수도 있다는 점에서 텔레비전과는 차이가 있습니다.

J: 밀폐된 병에 편지를 넣어 바다에 띄워 보내는 유리병 통신과 같은 대단히 오래된 통신 매체가 생각나네요. 정말로 대단히 민주적인 매체예요. 누구나 소식을 적은 메모지를 병에 넣고 바다에 던지면 되니까요. 다만 문제는 누가 그 소식을 읽느냐 하는 거죠.

누구나 인터넷에 뭔가를 내놓을 수 있다는 점은 그다지 큰 의미가 없어요. 자의적으로 인터넷에 집어넣는 정보는 무작위로 아무데서나 낚시를 하는 것만큼이나 성과가 없으니까요.

수년 전 미국에서 이루어진 '시민무선(citizen band radio)'[4] 설비 또한 인터넷의 도입과 유사한 다른 예에요. 이러한 설비는 자동차 안에 단거리 라디오 송수신기를 설치할 수 있는 가능성을 제공하죠. 그 속에는 여러 채널들이 있었어요. 즉 비상용 채널, 경찰용 채널, 수많은 자유 채널들이 있었죠. 자동차를 타고 가다가 어떤 주

---

[4] 개인이나 기업 간의 메시지 송수신을 위해서 개발된 '시민무선'은 20마일 이내의 거리를 대상으로 한 저출력송신기를 사용한다. 미국에서는 시민무선이 승용차와 화물자동차에 설치되어 무선전화와 똑같이 이용되었다. 또한 시민무선은 다른 목적, 즉 전자기기의 원격 조정에 이용되기도 했다.

소를 찾거나 방향을 잃었을 때 그저 송신기에 대고 이렇게 말하면 되었어요.

"저를 좀 도와줄 수 있으세요? 지금 있는 곳은 기차역 앞입니다."

그러면 누군가가 반응을 보이며 이렇게 묻죠.

"어디로 가실 건가요?"

당시에는 이러한 라디오를 집에 가지고 있으면서 온종일 그 앞에 앉아 귀를 기울이고 조언을 하는 사람들이 있었어요. 2~3년 동안 이 장치는 누구나 갖고 있어야 하는 필수품이었죠. 누구나 시민무선 라디오가 있어야 했고, 심지어 새 자동차 설비의 기준이 되다시피 했어요.

하지만 이 시민무선 라디오도 다른 대중매체와 사정이 다르지 않았어요. 그 내용의 90퍼센트가 그저 거품이었죠. "지금 기차역에 있는데, 여기서 어떻게 어디로 가죠?"라는 물음처럼 특수한 질문일 때는 상당히 도움이 되었지만, 질문 내용이 이런 수준을 넘어서면 전혀 가치가 없었어요. 그래서 시민무선 라디오는 소리 없이 자취를 감추었고, 더 이상 존재하지 않게 되었죠. 그리고 지금은 그 장치를 기억하는 사람이 거의 없을 거예요. 그 장치가 도입될 때 민주주의를 위한 새로운 가능성들에 대해 난무했던 예언들을 똑똑히 기억해요. 그럼에도 그 장치는 사라지고 말았죠.

G: 인터넷의 도움으로, 서로 멀리 떨어져 있고 그 전에는 서로 알지 못하던 수많은 인간들이 소통할 수 있게 되었다는 점은 부인할 수 없습니다.

J: 하지만 그들은 지금도 서로 알지 못해요. 미국의 학교에는 아이들을 오스트레일리아나 다른 곳의 아이들과 인터넷을 통해 연결해주는 것을 목표로 삼는 프로젝트가 수도 없이 많아요. 아이들이 서로 메일을 주고받는데, 이 때문에 미국의 아이들이 오스트레일리아의 아이들과 사귄다는 환상을 갖게 되죠. 그러나 그렇지 않아요. 미국 아이들은 오스트레일리아 아이들과 알게 되는 게 아니에요. 아이들은 단지 컴퓨터에 더 빠져드는 거죠. 예컨대 학교 친구나 주변의 다른 아이들과 노는 게 아니라는 말이에요. 인간적인 어떤 만남이 이루어지는 게 아니라 사이비 만남이 생길 뿐이죠.

제 삶을 돌아보면 반복되는 것이 정말 많은 것 같아요. 예전에 시민무선 라디오의 가능성에 대해 들었던 것과 똑같은 말을 지금 인터넷에 대해 하고 있어요. 누구나 이 매체에 접근할 수 있다, 이 매체는 아주 새롭다, 이 매체는 민주주의의 새로운 후원자를 의미한다 등등.

인터넷 덕분에 오늘날 어떤 나라도 더 이상 완전히 차단되지 못한다는 것은 확실해요. 어떤 국가도 보도 금지 명령을 내리거나 국민 전체를 고립시켜서, 어떤 것도 외부로 나가지 못하거나 반대로 들어오지 못하게 할 수 없어요. 하지만 스탈린식 국가를 생각한다면, 정보기관은 주민들에게 공포심을 불러일으켜 이 도구를 거의 사용하지 못하게 만들 수 있어요. 잔인한 독재정권이라면 정보기관을 통해 주민들을 도청하여, 언제 누가 어떤 소식을 어디서 얻는지 알아낼 수 있을 테니까요. 물론 이것이 라디오 송수신기의 경우처럼 쉽지는 않겠지만, 어쨌든 불가능하지는 않아요. 전체주의 국가의 힘과 테러 능력을 과소평가해서는 안 돼요.

누가 책임을 지는가

G: 책임에 대한 질문 역시 중요할 것입니다. 월드 와이드 웹의 내용은 누가 책임을 집니까?

J: 대단히 중요하고 진지한 주제예요. 나치 웹사이트나 어린이 포르노사이트에 대한 책임은 누구에게 있나요? 모든 매체가 각각의 사회에 편입되어 있다는 말은 아무리 해도 충분하지 않을 겁니다. 하지만 오늘날 우리는 책임을 떠맡는 것에 커다란 두려움을 느끼는 사회에 살고 있어요. 이는 사회 전반적인 현상이에요. 따라서 전혀 생각지도 못한 여러 맥락에서 책임 거부라는 현상과 부딪힌다 해도 놀랄 일이 아니에요. 책임은 기술적인 범주가 아니라 사회적인 범주니까요. 우리 사회의 현 상태는 책임 거부라는 특징을 지니고 있을 뿐 아니라 책임을 분할하는 기술을 발전시키면서 이제는 아무도 책임을 지지 않아도 되는 지경에 이르렀어요.

군사 분야의 예를 하나 들어보죠. 군사 기술 시스템에서 볼 때는 인간이 가장 약하고 불확실한 부분입니다. 최근 몇십 년 동안 군사적 영향력이 두드러지게 드러날 만한 사건이 몇몇 있었는데,

그때마다 개인이 무엇을 해야 할지 스스로 결정해야 했어요. 미국 해군이 페르시아만에서 격추시킨 이란 여객기가 생각나네요. 이 여객기를 적군의 공격용 비행기로 여겼기 때문에 벌어진 사건이었죠. 1988년의 일입니다. 그 순간 한 인간이 격추 여부를 결정해야 했어요. 그것도 대단히 빨리 말입니다. 좀더 꼼꼼히 생각하거나 신중하게 검토할 시간이 도대체 없었으니까요. 결정이 어떻게 내려졌는가는 잘 알려져 있는 사실이에요. 그런데 이 사건에 대한 반응이나 이 사건으로 인해 수반된 결과는 사격 명령의 책임에 관한 것들이 아니었어요. 오히려 명령 시스템을 자동화시킴으로써 이런 경우 '책임을 지는' 인간, 즉 지휘관을 명령 시스템에서 빼내는 것이었어요.

이와 함께—끔찍한 논리이긴 한데—논리적으로 '무인 지상 차량'의 발전과 정착의 문제에 도달합니다. 이 도구는 모든 결정을 혼자 내려요. 결정에 인간이 참여할 필요가 없죠. 이제는 인공지능을 가진 컴퓨터가 일어나는 모든 일에 대해 책임을 진다고 말할 수도 있을 거예요. 그리고 이러한 처리 방식은 인간들이, 그러니까 우리의 군인들이 덜 위험해진다는 장점도 수반하죠. 다른 사람들, 즉 적국의 군인들은 위험해지겠지만, 그들도 그 사이에 '무인 지상 차량'을 갖게 될 거예요. 이로써 군사 대결의 모습이 상상이 되는데, 이것은 대중적인 비디오 게임과 매우 밀접하게 연관되어 있어요.

1990년대 초에 걸프전이 진행되는 동안, 우리는 매체들을 통해 이 전쟁이 비디오 게임과 똑같아 보이고 또 그렇게 작동한다는 걸 알 수 있었어요. 걸프전은 이런 시각을 보여주는 첫 범례였는데, 유감스럽게도 다른 범례들이 그 뒤를 따랐죠.

비디오 게임이 주는 교훈은 행위 자체와 그 결과에 대한 심리적 거리가 엄청 커질 수 있음을 보여준다는 데 있어요. 그 거리가 천문학적인 정도라고까지 말할 수 있을 거예요. 대부분의 비디오 게임은 똑같은 도식에 따라 작동합니다. 즉, 게임을 하는 사람들은 가능한 한 빨리 점수를 많이 모아 이기려고 하죠. 따라서 양과 속도가 승리의 조건이 되는 거예요. 이때 배를 침몰시켜 선원을 익사시키거나 비행기를 격추시켜 조종사를 죽게 만들 텐데, 게임에서는 그것이 상징적으로 표현되는 데 그쳐요. 그로 인해 게임의 내용과 게임하는 사람의 의식은 하늘과 땅 차이만큼 멀어지게 됩니다.

거리가 아주 먼 게 분명해요. 행위자의 의식과 실제 내용의 엄청난 거리야말로 책임과 무관한 작동에 대한 전제이자 확실한 보장이에요. 의식과 행위의 간극이 적은 평소의 상황이라면 단추를 그렇게 빨리 누르지 못할 테니까요. 이러저러한 온갖 고려는 목표 지향적인 빠른 행동을 위해서라면 사라질 수밖에 없어요.

예전에 미국 대통령 레이건(Ronald Reagan)이 플로리다에서 열린 세계박람회(EXPO)에 참석한 일이 기억납니다. 그때 어린아이들이, 물론 첫 줄에는 청소년들이 있었습니다만, 컴퓨터 게임을 얼마나 잘하는지 보여주었어요. 레이건 대통령은 자랑스러워하며 이렇게 논평했죠.

"이들이 미래의 전투 조종사로군!"

레이건의 말은 전적으로 옳았어요. 컴퓨터 게임은 전투 조종사들과 이 정신 나간 세상에서 얼빠진 직업을 갖고 있는 많은 사람들에게 아주 적합한 훈련을 할 수 있게 해주죠. 그들은 무엇과도 비교할 수 없을 정도의 훈련을 하게 됩니다. 그로 인해 심리적 거리, 즉 행위와 결과 사이의 간격이 너무 커져서 이 두 가지가 더 이상 서

로 아무런 관계도 없다고 느껴질 정도가 되는 거예요. 이로써 우리
는 행위와 결과를 서로 연관시킬 생각조차 하지 않게 됩니다.

　　1991년의 걸프전을 시작으로 그 뒤를 따른 수많은 전쟁에서
우리가 본 것은 정밀한 전자공학이었고, 그 다음에는 인간도 없고
희생도 없는 일종의 상징적인 폭발이었어요. 시체도 살갗이 벗겨진
머리나 사지도 보지 못했어요. 예전의 전쟁에서 흔히 볼 수 있었고
또 베트남 전쟁을 통해 보았던 것 같은 어떤 것도 보지 못했죠. 당
시 대통령 부시는 매번 이렇게 강조했어요.

　　"베트남이 아닙니다!"

　　나중에 생각해보니, 부시의 말은 이런 뜻이더군요. '이번에
는 베트남 전쟁 때의 모습을 결코 보지 못할 것이다. 죽은 자도 없
고 피 흘리는 일도 없다. '빨간' 색을 본다는 생각은 완전히 포기하
는 게 좋을 거다.'

　　이런 종류의 보도는 세계의 대중, 최소한 미국의 대중으로
하여금 성과에 환호하게 하고 특별히 기술과 기술의 승리를 찬양하
게 만들 수 있어요. 행위와 그로 인한 수십만 명의 죽음이라는 필연
적 결과 사이의 엄청난 간극을 메우지 않고도 환호하게 만들 수 있
는 겁니다. 그러니까 누구나 볼 수 있었듯이 깨끗한 전쟁을 수행한
거예요.

　　수만 미터 상공을 비행하는 B52 전투기의 조종사를 상상해
보죠. 소형 모니터에 나타나는 전자 신호가 조종사에게 목표지점에
도달했으니 이제 폭탄을 투하하라고 말합니다. 조종사는 단추를 누
르고 폭탄이 투하됩니다. 조종사는 폭탄을 볼 수 없어요. 폭탄이 땅
에 떨어지는 순간이면 조종사는 그곳으로부터 아주 멀리 떨어져 있

을 테니까요. 조종사는 폭탄이 터지는 소리도 들을 수 없어요. 인간
들의 비명소리도 듣지 못할 게 분명해요. 이렇게 행위의 결과로부
터 심리적 거리가 크기 때문에 조종사는 이처럼 별 고민 없이 단추
를 누를 수 있는 거예요.

물론 저는 오해받고 싶지는 않습니다. 이러한 일들이 전적으
로 비디오 게임 탓이라고 말하려는 건 아니에요. 그건 말도 안 되는
소리예요. 그러나 비디오 게임 때문에 결과에 대해 심리적 거리를
갖고 행동하는 법을 배웠고 그에 대한 준비도 잘 된 것만은 사실입
니다.

과학적인 연구의 문제로 돌아가죠. 과학 연구에서도 행위와
결과 사이의 엄청난 심리적 거리를 만들어내는 데 익숙해졌어요.
베트남 전쟁 때 대학에서 한 경험이 생각나네요. MIT에서 다음과
같은 변명을 얼마나 많이 들었는지 모릅니다.

"연구비가 펜타곤에서 오는 것은 알아. 하지만 그렇다고 해
도 나는 원하는 것을 하거나 그만둘 자유가 있어. 아무도 내게 연구
내용을 지시하지는 못해. 내가 개별적으로 하는 것은 누구도 간섭
할 수 없어."

혹은 이런 변명도 있었어요.

"내 연구의 결과로 무슨 일이 벌어지는지는 내가 알아야 할
몫이 아냐."

나치 시대에 독일 과학자들이 자기들의 양심을 달래려고 했
던 변명은 잘 알려져 있죠.

"내가 그것을 하지 않는다면 다른 누군가가 할 거야. 내가 군
대에 복무하며 연구하라는 명을 거절한다면, 그건 이 연구를 거부

하는 게 아니라 다음 사람에게 내 몫을 넘겨주는 게 될 뿐이야. 그렇다면 내가 왜 그걸 하지 말아야 하지?"

제3제국[1]에서 대다수의 독일 과학자는 다음과 같은 견해를 대변했어요.

'우리는 과학자다. 정치는 우리와 무관하다. 지도자가 결정을 내린다.'

저는 프랑크푸르트 소재 요한 볼프강 괴테 대학의 대강당에서 강연을 한 적이 있습니다. 정말 아름다운 강당이었죠. 하지만 주변의 경관을 만끽할 수가 없었어요. 멩겔레(Josef Mengele)[2] 박사—일부러 박사 칭호를 사용하는 거지만—역시 이곳에서 강연한 적이 있다는 게 매 순간 의식되었으니까요. 당시에는 양질의 교육을 받은 박사들이 다수 있었죠. 세계의 유명 대학들에서 공부한 사람들이었어요.

폰 브라운(Wernher von Braun)[3] 또한 기억이 나네요. 그는 《나는 별들을 겨냥했다*I aimed for the stars*》라는 책을 썼어요. 제가 한번은 그 책에 적절한 부제는 이런 게 아닐까 하고 문제를 제기한 적이 있습니다. '그러나 때때로 나는 런던을 명중시켰다' 라는 부제였죠. 이에 대해 그는 이렇게 대답하곤 했어요. "그건 제 영역이 아

---

[1] 제1제국은 신성로마제국, 제2제국은 철혈재상 비스마르크가 이끌었던 프로이센, 제3제국은 나치 독일을 말한다.

[2] 아우슈비츠에서 유대인 학살과 생체실험으로 악명 높았던 내과의사.

[3] 독일의 장거리 탄도미사일 A-4의 설계주임으로 활약했으며, 독일 패전 후 미국으로 가서 장거리 로켓을 연구했고, 미국항공우주국에 소속되어 아폴로 계획을 비롯한 우주개발계획에서 중요한 역할을 했다.

니에요." 이것으로 끝이었어요.

저는 또 카네기멜론대학에서 인공지능 연구를 하는 옛 동료 사이먼(Herbert Simon)[4]과 이 문제에 대해 오랫동안 논쟁을 벌였습니다. 그는 이렇게 설명했어요.

"미국 정부는 대의제 형태예요. 우리는 선출된 의원들에게 과학을 사용하는 결정권을 넘겨줍니다. 그리고 그것이 마음에 들지 않으면, 다른 의원을 선출할 수 있어요."

저는 이것을 고유한 비판적 능력의 '퇴위(退位)'라고 생각합니다.

---

[4] 미국의 사회과학자이자 경영학자로 행동과학적 조직론의 창시자 중 한 사람이다. 대표 저서인 《조직론》에서 조직의 체계적 이론화를 확립해 의사결정자의 모델이론을 전개했으며, 이 연구 업적으로 1978년 노벨 경제학상을 수상했다.

베를린에서의 유년기

G: 국가사회주의 시절에 교수님은 어린아이였습니다. 오늘날 베를린에 있는 댁은 교수님이 자라났던 길거리에서 멀지 않습니다. 교수님의 유년기는 어떤 모습으로 남아 있습니까? 소년 요제프 바이첸바움과 당시 베를린에서 그 소년의 마음을 움직인 게 무엇인지 기억할 수 있으신지요?

J: 물론 잘 기억할 수 있어요. 어렸을 때 저는 줄곧 아버지의 인정을 받고자 애썼어요. 이런 기억이 정말 생생하게 남아 있어요. 제겐 아버지의 애정이 필요했죠. 그러나 아버지가 제게 정을 주지 않자 언제부턴가 아버지의 역할을 형 하인츠에게 넘겼어요. 그 역시 생생하게 기억납니다. 어머니의 묘사에 따르면, 저는 형에게 대단히 공격적이었고 심지어 폭력적이었던 것 같아요. 형에게서 무조건 무언가를 얻고 싶었던 모양인데 그건 다름 아닌 아버지의 사랑이었죠. 어머니의 사랑이 아니었어요. 어머니의 사랑은 오히려 질식할 만큼 넘치게 받았거든요. 어머니의 사랑이 아닌 다른 것을 원했는데, 아버지는 저를 위해 있지 않았어요. 그래서 제가 형에게 마음을 의지한 거죠. 물론 하인츠 형은 제 요구들에 대해 어쩔 줄 몰라

했어요. 형은 제게 요구를 받기만 했고, 제가 형에게서 원하는 게 대체 무엇인지 전혀 알지 못했죠. 형 자신도 저보다 겨우 몇 살 많은 어린아이일 뿐이었니까요.

　　1935년 부모님은 우리를 반 년 동안 북(北)프리슬란트 제도의 비이크로 보냈어요. 그곳에서의 체류는 제 유년기의 가장 중요한 사건에 속해요. 평생 그 사건을 머리에서 떨쳐내지 못하고 줄곧 집중적으로 생각했거든요. 그래요. 지금도 그 시기와 바다 한가운데 있던 그 장소에 대한 병적인 동경 같은 게 있다고 말할 수 있을 정도예요. 당시의 영상들이 꿈에 자주 나타나곤 해요. 낚싯배들이 있는 작은 항구와 파도에 완전히 휩쓸리는 길거리 등이 떠오르네요. 극장에서 해일이 밀려오는 영화 장면을 보면, 비이크에서의 기억이 아주 선명하게 떠오른답니다.

G: 그 장소가 교수님께 왜 그렇게 중요했을까요?

J: 그건 형과 관계가 있어요. 비이크의 아동시설에 있을 때 저는 형을 온전히 내 것으로 만들 수 있었죠. 형과 저는 같은 방에서 잠을 자며, 밤마다 '잘 자' 하고 인사했고, 아침에 눈을 뜰 때마다 '안녕' 하고 인사했어요. 형과 저는 성격이 완전히 달랐지만, 날마다 우리가 공유할 것은 무척 많았어요. 형과 제 모습이 눈에 선하네요. 형은 새로운 환경에 자신 있고 능동적이고 호기심이 있었지만, 저는 수줍어하고 서툴고 항상 어떤 식으로든 죄를 의식했어요. 저는 그 당시 제가 온갖 요구로 하인츠 형에게 지나친 부담을 주었다는 걸 이미 알았을 거예요. 형 역시 아버지를 찾았으니까요. 아버

지는 저에게만 도달할 수 없는 존재가 아니라 형에게도 마찬가지였죠. 형은 훗날 가톨릭교회와 그 대변자들에게서 '자기가 원하는' 아버지를 발견했어요.

특히 생생하게 기억나는 사건이 있어요. 비이크에 있을 때 하인츠 형의 생일이 되자 베를린에 계시던 부모님이 형에게 소포를 보냈는데 만년필이 들어 있었죠. 저는 그것 때문에 형을 무척 시샘했어요. 당시 제가 만년필보다 더 갖고 싶었던 것은 없었죠. 형이 이 선물에 대해 어떤 태도를 취했는지, 또 형이 만년필을 원한 것인지 아니면 그냥 부모님의 깜짝 선물이었는지는 모르겠어요. 다만 제가 그 당시 그것보다 더 간절히 원한 것은 없었다는 기억만 있을 뿐이에요.

저는 6주 뒤의 제 생일을 고대했죠. 그러나 소포를 열었을 때 무척 실망했어요. 제가 받은 선물이 대체 무엇이었는지는 도통 기억에 없어요. 어쨌든 제가 기뻐할 만하거나 어떤 식으로든 저와 관계가 있을 법한 선물은 하나도 없었어요.

제가 마침내 만년필을 구입기까지는 상당히 오랜 시간이 걸렸어요. 여러 해가 걸렸죠. 지금 저는 근사한 만년필 수집품을 갖고 있어요. 특히 편지, 메모, 일기를 만년필로 쓰는 걸 아주 좋아하거든요.

G: 부모님과의 관계는 어땠습니까?

J: 아버지는 정통 유대교 집안 출신으로 우크라이나의 갈리치엔에서 태어났어요. 열두 살 때 독일로 왔죠. 제 기억으로, 아버

지는 인간적인 온기가 없는 엄격한 분이었어요. 아버지는 우리를 따뜻하게 대하지 않았어요. 아버지 자신이 경험하지 못했기 때문에 우리에게도 인간적인 온기를 나눠줄 줄 몰랐던 거죠.

아버지는 모피 가공 장인이었는데 장인 자격증을 무척 자랑스러워했죠. 당신의 직업은 물론이고 당신이 판매한 모든 것을 손수 제작했다는 것에 대한 자부심이 상당했어요. 본디 자의식이 강한 분이었죠. 그리고 특별히 종교적이지는 않았지만, 형과 저를 일언반구도 없이 토라[1]를 배우는 학교에 보내는 것을 당연하게 여겼어요.

아버지의 모피 가공 공장은 샤를로텐가에 있는 우리 집의 일부였어요. 아버지와 우리가 공간적으로 가깝게 살았음에도 불구하고, 아버지와 저는 서로 관계가 없는 것이나 다름없었어요. 아버지와 제가 언젠가 정말로 중요한 문제에 대해 함께 상의할 날이 올까 싶을 정도였죠. 아버지와 저 사이에 과연 진지한 대화가 있었는지조차 도통 기억나지 않아요. 아버지는 저를 대부분 전혀 인식하지 못했던 것 같아요. 아버지와 저 사이의 거리는 건너갈 수 없을 정도로 큰 것 같았어요.

어머니와는 사정이 달랐죠. 어머니와 저는 너무 가까웠어요. 지나치게 가까웠죠. 저는 어머니의 사랑 때문에 질식할 것 같았어요. 그래서 때로 거부하는 몸짓을 보였지만 어머니는 그걸 결코 이

---

[1] 구약성서의 첫 다섯 편으로, 곧 창세기, 출애굽기, 레위기, 민수기, 신명기를 말한다. 흔히 모세오경이라고도 하며 유대교에서 가장 중요한 문서이다. 히브리어로 '가르침' 혹은 '법'을 의미한다. 유대 전통에 따르면 토라는 신에 의해서 모세에게 공개되었다고 한다. 오늘날 토라를 경전으로 삼고 있는 종교는 유대교, 기독교, 이슬람교이다.

해하지 못했죠. 저 또한 어머니가 제게 무엇을 원하는지 이해하지 못했고요.

우리 가족은 아버지, 어머니, 하인츠 형과 저, 이렇게 네 명이었어요. 모두 궁극적으로는 사랑을 원했지만 아버지로부터는 아무도 사랑을 받지 못했죠. 그래서 어머니는 할 수 없이 우선 큰아들을 고르고, 그 다음에는 작은아들을 찾았어요. 형은 바깥 세상에 관심이 있었기 때문에 더 이상 저를 위해 있지 않았죠.

G: 교수님은 무척 외로운 아이였겠네요.

J: 다행히 하녀들이 있었어요. 어머니는 가게에서 일을 했기 때문에 자식들을 돌볼 시간이 너무 적었죠. 그래서 하녀가 하인츠 형과 저를 돌보았어요. 그럴 목적으로 고용된 사람이니까요. 그런데 유감이지만, 어떤 하녀든 우리 집에 오래 머물지 않았어요. 대체로 잠깐 있다가 다른 하녀로 바뀌었죠. 매번 형과 제가 전혀 생각지도 못한 순간에 바뀌었어요. 마음의 준비도 되지 않았고 납득할 만한 이유도 없이 말이에요. 부모님은 그런 일이 제게, 그리고 어쩌면 형에게도 얼마나 큰 비극인지를 도통 몰랐어요. 저는 형과 저를 돌보는 하녀를 매번 좋아했고, 제 소망과 애정을 그녀에게 쏟았어요. 그런 그녀가 갑자기 사라지고 새 하녀로 바뀌는 것은 제게 정신적으로 외상을 주는 경험이 되었죠. 이런 일이 자주 반복되었어요. 제 감정을 완전히 혼란스럽게 만든 나쁜 경험이었죠. 그리고 당시 이미 서서히 감정 일반에 대한 일종의 불신이 자라났어요. 저는 누군가를 사랑한다는 게 위험하다는 것을 철저하게 경험했죠. 그것도

한 번 이상 말이에요. 사랑하는 누군가가 사라졌을 때 무척 아팠거든요.

부모님에 관한 한, 아버지와 어머니가 다정한 몸짓 같은 것을 주고받은 기억이 전혀 없어요. 슬쩍 포옹하거나 뺨에 살짝 키스하는 모습도 기억에 없어요. 오히려 그 반대의 기억만 있죠. 한번은 부모님이 저녁식사에 사람들을 초대했어요. 훈장과 당 휘장을 단 사람들이었는데 그중 몇 사람이 너무 일찍 도착했어요. 어머니가 아직 욕실에 있었기 때문에 아버지가 손님들을 맞이했죠. 그런데 갑자기 아버지가 욕실 문을 열고 손님들에게 어머니를 보여주었어요. 어머니는 눈물을 쏟았죠. 아버지는 마치 집안의 소장품을 보여주듯이 어머니를 보여준 거예요. 자만심 강하고 독단적인 분이었어요. 어머니는 두번째 부인이었고 아버지보다 나이가 훨씬 어렸어요. 1920년 결혼했을 때 어머니는 열아홉 살이었고 아버지는 이미 마흔 살을 훌쩍 넘긴 나이었죠. 어렸을 때 저는 아버지가 틀림없이 어머니를 돈 주고 샀고, 그렇기 때문에 소유물 취급하는 게 아닐까 생각했어요. 어머니는 가구처럼 아버지의 소유였어요. 정말 소유물처럼 대했죠. 어쨌든 우리가 이주하기 전 베를린에서는 그랬어요.

미국으로의 이주

G: 교수님께서는 이주를 어떻게 체험했습니까?

J: 열세번째 생일이었던 1936년 1월 8일은 우리 가족이 미국으로 이주하기 전 베를린에서 보낸 마지막 날이었어요. 이른 아침 한 젊은 부인이 이륜마차에 우리를 태워 베를린 근교의 경주 트랙을 따라 그뤼네발트에 있는 어느 집으로 갔죠. 우리 가족이 타기로 예약된 배의 해운회사 소유 숙소였어요. 그곳에서 우리 가족은 브레머하펜으로 떠날 때까지 머물렀어요. 그 항구에서 신세계로 출발하기로 되어 있었죠. 그곳에 어떤 젊은 남자가 있었는데 인도 사람이었어요. 그 남자는 영화를 좋아해서 종종 베를린의 극장에 가곤 했죠. 극장에서 영국 영화가 상영되었거든요. 당시 저는 영국 영화에 정신이 팔려 있었어요. 머지않아 영어가 저의 언어가 된다는 걸 알았으니까요. 이 새로운 언어를 매일 저녁 들을 수 있는 극장이 베를린에 있다는 사실이 놀라웠어요. 흥분되는 일이었죠.

베를린 근교의 경주 트랙을 따라 차를 타고 가는 것만으로도 제게는 모험이었어요. 지금도 똑똑히 기억합니다. 운전사인 유대

여자는 자기가 다시는 자동차를 갖지 못하게 될 게 분명하다고 말했어요. 저는 당시 그녀의 말이 무엇을 암시하는지 어렴풋이 짐작만 할 뿐이었어요.

우리 가족이 타고 갈 배인 '브레멘' 호를 처음 보았을 때 저는 거대한 크기에 강한 인상을 받았어요. 그때까지만 해도 그렇게 큰 배를 본 적이 없었거든요. 배 안에는 크고 화려한 홀이 있었는데, 저는 그 용도가 무엇인지는 몰랐어요.

배를 타고 가던 일은 거의 기억나지 않아요. 그러나 뇌리에 깊이 박힌 기억이 하나 있어요. 갑판에서 어떤 부인이 담요로 몸을 돌돌 만 채 접는 의자에 앉아 있었어요. 안내인이 그녀에게 따뜻한 수프를 가져다주었고, 두 사람은 영어로 이야기했죠. 그러고는 그녀가 제게 독일어로 말을 걸었어요. 그러다가 안내인이 오자 그녀는 다시 당연하다는 듯 영어로 말했어요. 이처럼 아무렇지도 않게 두 가지 언어를 사용하는 모습에 저는 깜짝 놀랐어요. 그 부인에게 몹시 경탄했죠.

배는 우선 영국의 사우샘프턴 항구에 닿은 뒤 다시 뉴욕을 향해 출발했어요. 이렇게 대양을 건너가는 데 꼬박 일주일이 걸렸어요. 우리 가족은 2등실에 타고 있었는데, 그것만으로도 대단한 호사였죠. 우리에게는 돈이 없었거든요. 아버지가 돈을 대부분 바다를 건너는 데 썼기 때문이에요.

제가 베를린의 유대 남자학교에서 처음으로 익힌 영어문장은 "The Sun is high in the sky"였어요. 저는 선생님이 'th'의 발음을 가르칠 때 무슨 뜻인지 이해하지 못했어요. 뉴욕을 향해 대서양을 배로 건너가면서 'new'라는 단어의 발음을 꼼꼼이 생각해보앉어요.

G: 부친께서 비교적 일찍 독일을 떠날 결심을 하신 게 다행이었네요.

J: 다행이긴 했지만, 오랫동안 제겐 수수께끼이기도 했어요. 저는 나중에 아버지가 당시 이주를 결심한 이유가 무언지 종종 궁금해지곤 했어요. 수많은 유대인이 아직 떠나지 못하고 머뭇거리고 있을 때 비교적 일찍 결심을 했다는 말은 맞아요. 그렇다면 아버지가 선견지명을 갖고 현명하게 반응한 이유가 무얼까요? 제 판단으로는 아버지가 특별히 현명한 분이었던 건 아니에요. 정치적인 문제에 대한 통찰력이 없었음은 말할 것도 없었죠. 그런데도 아버지는 이주 문제에 있어서만은 통찰력이 있음을 입증했어요. 어떻게 그럴 수 있었는지는 나중에 여러 단편적 증거들을 통해 확인할 수 있었는데, 저는 수많은 암시들을 모아 결국 설득력 있는 설명을 만들어낼 수 있었죠. 그 점에 대해서는 우리 가족들끼리도 이야기를 나누지 않았어요. 미국에서 여러 해를 생활한 후에도 마찬가지였죠. 그러니까 순전히 제 자신의 관찰에 의거해 찾아낸 설명이에요. 베를린에서 살 때 아버지가 일주일 동안 집을 비운 적이 있어요. 어느 날 갑자기 사라진 거예요. 형과 저는 그것을 알아챘죠. 이미 말한 것처럼, 아버지의 공장과 사무실은 우리 가족이 살았던 베를린 집의 일부였으니까요.

1935년의 일인데 아버지가 사라지기 직전에 저는 나치돌격대에서 가장 하부 조직인 SA-Mann의 대원 하나가 아버지 사무실에 앉아 있는 것을 보았어요. 아버지는 몹시 심각하고 긴장한 표정이었죠. 우연히 엿들은 바로는 그 나치돌격대원이 우리 집 하녀 한 명을 문제 삼고 있었어요. 두 사람의 언쟁을 해석해보면, 아버지가 그 여자와 잠을 잔 것 같았어요. 우리 가족의 일을 돌보았던 하녀들은 모두 무척 어렸죠. 틀림없이 열여덟 살도 안 되었을 거예요. 돌격대원은 그 여자의 애인이었고, 아버지를 협박하려고 했어요. 그러고 나서 아버지가 일주일간 사라졌죠. 그 사실에 대해서는 모두들 함구했어요. 아버지가 어디 갔는지에 대해서는 한마디도 나누지 않았어요. 아버지가 왜 떠났는지에 대해서도 말이 없었죠. 어머니는 평소처럼 행동했고, 아버지가 돌아온 후에도 침착함을 잃지 않았어요. 아버지 역시 고문당한 것처럼 보이지는 않았지만 어떤 식으로든 아버지에게 겁을 주었던 모양이에요.

G: 당시 독일을 꼭 떠나야 했나요? 다시 말해 직접적인 위협을 느끼셨나요?

J: 아버지, 어머니, 하인츠 형 그리고 제가 1936년 독일을 떠날 때, 저는 우리 가족이 어떤 악마 같은 것으로부터 벗어나려 하고 있다는 걸 알았어요. 그건 단지 부모님이 이주 계획을 세웠기 때문에 행한 단순한 절차였다기보다, 정말 어쩔 수 없이 꼭 해야만 하는 도주였어요. 저는 카이저슈트라세에 있는 유대 남자학교의 아이들 때문에 정말 걱정을 많이 했어요. 제가 베를린에서 마지막으로 다닌 학교였죠. 반 아이들이 걱정되었어요. 그 아이들이 제때 빠져나가지 못할까봐 두려웠어요. 상황이 실제로 얼마나 나빠질지는 알 수 없었지만, 열세 살이나 된 저로서도 위협이나 폭력의 조짐을 느낄 수는 있었거든요.

저는 아버지 때문에 놀랐어요. 그런 식으로 전혀 새로운 세계를 향해 가는 데는 상당한 용기가 필요했거든요. 물론 미국과의 연결통로가 있기는 했어요. 고모 한 분이 미국에 살았거든요. 하지만 아버지는 당시 이미 쉰 살을 훌쩍 넘긴 나이였어요. 그러니까 단순한 노동일지라도 새로 시작하기에는 너무 많은 나이였죠. 게다가 이미 말한 것처럼 돈도 거의 없었어요. 저는 아버지의 신중함과 용기에 경탄했어요.

하지만 제게는 또 다른 갈등도 있었죠. 저는 원래 팔레스타인으로 가고 싶었어요. 시오니즘(Zionism)[1]에 심취했었거든요. 그래서 팔레스타인에서 살아야 한다는 것은 당연한 논리적 귀결이었죠. 부모님께 형만 데리고 미국으로 가고 저는 팔레스타인으로 가면 안 되느냐고 물었어요. 어머니는 몹시 당황하여 저를 떼어놓을 수 없다고 대답했죠. 혼자 가기에는 제가 너무 어리다고 했어요. 물론 저는 어머니의 뜻을 받아들였어요. 어머니의 마음과 염려를 이해했기 때문이에요. 또 미국이 제게 매혹적으로 보인 것도 당연히 한몫을 했죠.

유대 남자학교 교장실에 앉아 있었던 생각도 나네요. 당시 교장은 더 이상 교장선생님이라고 불리지 않았어요. 유대인이었기 때문에 그런 호칭이 금지되었거든요. 어쨌든 교장선생님은 제게 "잘 가" 하고 인사했고, 그 누군가에게 제가 플로리다에서 오렌지 한 상자만 보내주면 좋겠다고 말했어요. 그 순간 어쩌면 이 사람들

---

[1] 유대인들의 민족 국가 건설을 위한 민족주의 운동.

이 더 이상 이곳에 있지 못할 거라는 생각이 퍼뜩 들었어요. '오렌지를 받지 못할 거야' 하는 느낌이 뇌리를 스친 거죠.

그 순간 그런 생각이 왜 그렇게 확실하게 여겨졌는지는 모르겠어요. 하지만 그 생각을 떠올린 순간만큼은 지금도 아주 생생해요. 인생에서 불가항력적인 순간 중 하나였죠. 갑자기 본질적인 것이 전부 파악되는 그런 순간 말이에요. 하지만 늘 그렇듯이 왜 하필 그 순간에 그런 통찰이 생겼는지는 알 수 없었어요.

G: 베를린에서 좋지 않은 경험들을 하셨네요?

J: 그렇지 않아요. 특별히 나쁜 것을 체험했다는 건 아니에요. 제가 알기로는 아버지도 마찬가지예요. 우리 가족이 디트로이트에 도착한 직후 어느 회당에서 젊은 사람들이 우리에게 말을 걸었어요. 독일어가 아니라 유대어로 말을 하는 사람들이었죠. 그들은 하인츠 형과 제게 독일 사정이 어떤지, 또 유대인들이 독일에서 어떤 운명의 고초를 겪고 있는지 알고 싶어했어요. 하지만 우리는 그들이 원하는 이야기들을 해줄 수 없었어요. 그들은 끔찍하고 잔인한 내용들을 기대했는데, 우리에게는 끔찍한 경험이 전혀 없었으니까요. 물론 우리가 독일을 떠나던 시점에도 정적(政敵)에 대한 잔혹한 조치들이 속속 드러나고 있긴 했어요. 우리가 살던 지역인 예거슈트라세에는 SA-Mann의 술집이 있었는데, 때때로 사람들이 그곳으로 끌려 들어가는 것을 볼 수 있었어요. 술집 뒷방들에서 끔찍한 일들이 벌어지고 있다는 것은 누구나 알고 있었죠. 어린아이들조차 그 사실을 알았어요. 하지만 그런 일은 당시만 해도 다반사로 벌어

지는 우리의 일상에 속했어요. 잔인한 사회에서 살았던 거죠. 그래요. 하지만 제게는 거의 아무 일도 일어나지 않았다는 점을 다시 강조해야겠어요. 때때로 유대 남자학교에 가던 중 나치 청년단원들에게 모욕을 당했던 일을 빼면 말이에요. 하지만 어디선가 소규모 무리가 기다리다가 서로 치고 받고 싸우는 일이 제게는 정말로 나쁘게 여겨지지 않았어요. 게다가 저는 그 당시 싸우기를 좋아했고, 싸움을 걸어오면 맞서 싸울 줄도 알았어요. 어머니가 깜짝 놀라 "맙소사, 너 무슨 일이니?" 하고 물을 만한 몰골로 집에 돌아가지는 않았죠.

제가 멸시나 차별을 당했다면 그것은 강제로 학교를 옮기게 된 일이었죠. 국가사회주의자들의 권력승계 이후 우리 유대인 아이들은 루이젠슈테티쉐 레알김나지움(Realgymnasium)[2]을 떠났어요. 저는 유대 남자학교로 옮겼죠. 그곳에서 처음으로 동유럽 유대인 아이들을 만났어요. 제게는 아주 새로운 경험이었죠. 그 전까지만 해도 동유럽 유대인들이 있다는 사실조차 몰랐거든요. 하물며 유대어는 들어보지도 못했죠. 저는 학급의 동유럽 유대인 학생과 금세 친해졌고, 그 아이를 통해 그 아이의 세계를 접하게 되었죠. 그레나디에르슈트라세 주위에 베를린 유대인 게토(ghetto)[3]가 있다는 사실도 알게 되었어요. 그러나 무엇보다 중요했던 것은 유대인의 반유대주의를 알게 되었다는 점이에요. 이를테면 독일 유대인들이 동유럽 유대인들에 대해 반유대주의를 갖고 있었던 거죠.

이와 관련해 대단히 중요한 게 생각나네요. 당시 독일에는

---

[2] 9년 연한의 독일 중등 교육기관.
[3] 중세 이후 유럽 각 지역에서 유대인을 강제 격리하기 위해 설정한 유대인 거주 지역.

여러 종류의 경찰이 있었어요. 예를 들면 형사경찰이 있었죠. 오늘 날의 '형사'라고 볼 수 있을 거예요. 또 '슈포(Schupo)'도 있었는데, 슈포는 보안경찰이었어요. 슈포는 늘 주변에 있었고 지역 사람들을 알고 있었어요. 우리 아이들은 길을 잃거나 시내에서 헤맬 때 슈포의 도움을 받아도 된다고 들었어요. 그래서 어려운 일이 생기면 슈포에게 물으면 된다는 게 머릿속에 박혔어요. '슈포가 도와줄 거야. 슈포가 만사 잘 되게 해줄 거야' 하는 식이었죠. 이는 특히 아이들에게 깊은 신앙이나 일종의 전통과도 같았어요. 그런데 1933년 초, 슈포가 갑자기 이전과는 완전히 다른 모습으로 변해버렸어요. 말하자면 하룻밤 새 갑자기 달라진 거예요. 정말 충격적이었죠. 저는 그 결과 유대 아이들이 삶을 대하는 태도와 감정에 중대한 변화가 생겼다고 생각해요. 저의 경우에는 확실했어요. 슈포는 갑자기 더 이상 친구가 아니었어요. 더 이상 슈포를 믿으면 안 되었어요.

G: 안전하다는 느낌을 완전히 상실했겠네요.

J: 그렇죠. 제 기억으로는 이 일로 인해 안전한 느낌이 상당 부분 사라졌어요. 슈포가 독일의 다른 도시들에서도 똑같이 상징적 인물이었는지는 모르겠어요. 베를린에서, 그러니까 어쨌든 우리 가족이 살았던 베를린의 시내 중심가에서 슈포는 그런 존재였어요. 슈포는 어떤 의미에서 정의의 상징이었어요. 슈포가 곧 법이었죠. 당시 어른들이 슈포에 대해 어떻게 생각했는지는 몰라요. 하지만 아이들에게는 틀림없이 좋은 존재였어요. 아주 어렸을 때부터 슈포에 대해 좋은 말을 많이 들어서 정말 그런 존재라고 생각했어요. 베

릴린의 아이들이라면 누구나 이 대도시에서 길을 잃은 경험이 적어도 한 번쯤 있을 거예요. 그래요. 그때마다 아이들은 슈포에게 길을 물었어요. 그러면 슈포는 그 누구도 내치지 않고 즉각 돌봐주었어요. 슈포는 구조대원 이상이었어요. 친구였죠. 슈포는 믿어도 되었어요. 무조건 믿을 수 있는 존재였어요. 그런데 그런 상황이 갑자기 끝나버렸어요. 게다가 거기서 그친 게 아니라 적이 되어버린 거예요. 이제 슈포는 제복에 나치의 갈고리 십자 휘장을 달았고, 따라서 유대 아이는 더 이상 슈포에게 말을 걸지 않는 게 나았어요. 슈포의 '변신'은 우리 유대 아이들에게 단순한 상실이 아니라 또 다른 위험을 의미했어요.

공공연한 반유대주의와 함께 학교, 공공기관, 극장 등 모든 사회적 집단들로부터 유대인들의 분리가 진행되었죠. 그 결과 당연히 유대인들끼리 사이가 가까워졌어요. 전혀 새로운 특징을 지닌 동료애가 생겨났지만, 그걸 이상화하려 하지는 않았어요. 독일에는 반유대주의만 있는 게 아니었죠. 유대적인 삶도 있었어요. 베를린의 유대인들은 미국 유대인 대부분처럼 거의 눈에 띄지 않게 살지는 않았어요. 미국의 도시들에도 회당과 유대 구역이 있었지만, 유대인들은 전체적으로 사회의 일원으로서 상당히 편입된 상태였죠. 히틀러 독재 이전의 독일에서는 그렇지 못했어요. 독일에는 소수의 부유한 유대인과 수많은 가난한 유대인이 있었어요. 그리고 정통 유대인과 개혁 유대인 사이에, 즉 시오니스트와 비(非)시오니스트 사이에 갈등도 있었죠.

다르다는 것

G: 미국에서는 어떻게 적응했습니까?

J: 살던 곳과 학교, 친구들 등 알고 지내던 모든 것을 남겨놓은 채 떠날 당시, 전 열세 살 소년이었어요. 모든 것, 즉 당시 소년의 모든 세계가 사라지고 그 자리를 새로운 것이 차지했어요. 예를 들면 새로운 학교 친구들이 대표적인 대체물이었죠. 저는 처음에 학교 친구들이 하는 말을 알아듣지 못했어요. 영어를 전혀 할 줄 몰랐고, 그 다음에는 보잘것없는 영어로 말을 했으며, 나중에는 계속 독일어처럼 강세를 넣어 말했어요. 그래요, 그런 점이 다른 아이들과 달랐죠.

미국 아이들은 더 어린 나이에 이미 배웠을 많은 것들을 저는 모르고 있었어요. 예컨대 미국 역사에서 북부와 남부 사이에 시민전쟁이 있었다는 사실을 알게 된 게 기껏해야 열다섯 살 때의 일이에요. 그 사실은 제게 놀랍고 아주 새로운 일이었어요. 다른 아이들은 모두 당연히 그 사실을 알고 있었죠. 그 아이들이 시민전쟁에 대해 무엇을 얼마나 많이 알고 있는지는 다른 문제예요. 어쨌든 저는 무지하다는 것 때문에 금세 외톨이가 되고 말았죠. 그리고 이와 비슷한 상황들은 계속 있었어요. 게다가 저는 당시 사춘기였어요. 그렇지 않아도 그 나이 또래의 거의 모든 아이들이 그렇듯이 약간 혼란스런 상태였던 거죠.

당시 제가 선택할 수 있는 것은 단 두 가지였어요. 가능한 한 빨리 미국이라는 새로운 환경과 급우들에게 적응하는 것이 그 하나였어요. 이를테면 야구와 미국 생활에 속하는 모든 것을 할 줄 아는 반듯한 미국 청년이 되는 길이었죠.

다른 하나는 제 스스로 다른 존재라고 느낀 것을 고수하고, 어떤 식으로든 저 자신의 발전에 도움이 되게 하는 길이었어요. 저는 두번째 방법을 택했죠. 그리고 그것은 처음부터 제게 도움이 되었어요. 일상에서도 말이에요. 베를린의 도시 아이였던 저는 이제 미시간 주 디트로이트의 도시 아이가 되었어요. 이곳에도 반유대주의는 있었죠. 또 이곳에 잠복하고 있던 위험들도 베를린에서의 위험과 그다지 다르지 않았어요. 저는 예전이나 그때나 그런 위험들에 잘 대처할 줄 알았어요.

다른 존재라는 것은 결함만 의미하는 게 아니에요. 결코 그렇지 않죠. 다른 존재는 특별한 재능을 지닐 수 있어요. 저는 평생 제 실존에 커다란 영향을 미친 것을 제게서 발견했어요. 그것은 오늘날까지도 확실한데, 바로 수학에 대한 재능이었어요. 베를린에서 학교에 다닐 때부터 저는 수학에 재미를 붙였고, 디트로이트에서도 마찬가지였어요. 수학은 대부분 언어와 무관했죠. 설명이 독일어이든 영어이든 상관없이 저는 대수(代數)를 이해할 수 있었어요. 디트로이트에서도 마찬가지였지요. 수학만큼은 다른 급우들보다 잘했고, 또 정말 재미있었어요. 게다가 여자 수학교사에게 금세 반하는 바람에 더욱 열성을 보였지요.

하지만 야구는 전혀 할 줄 몰랐어요. 공놀이에는 어렸을 때부터 재주가 없었죠. 공을 갖고 있으면 무엇을 어떻게 해야 할지 몰랐거든요. 그러니까 아주 어렸을 때부터 지적인 방향에 몰두한 셈이에요. 그래요, 저는 수학이 아주 재미있었어요. 학생에게는 아주 드문 일이죠. 그리고 그런 점 때문에 저는 다른 급우들과 달랐어요. 이제 와서 돌이켜보니, 제가 그 점을 이용한 게 확실한 것 같아요. 그것은 제 자신에게 정체성의 확립을 의미했어요. 그리고 그 정체성은 평생 지속되었죠. 나중에 저는 미국의 자연과학 엘리트들이 모인 과학 엘리트 집단(Scientific Establishment)의 회원이 되었어요. 하지만 동시에 다른 사상을 가진 사람이 되었죠. 저는 과거에도 그랬지만 지금도 달라요. 그것은 우연이 아니에요. 수학에 대한 재능을 알게 된 후 제가 다르다는 점을 새삼 설명할 필요가 없어졌어요. 제가 남들과 다르다는 명백한 증거나 근거 또는 지지기반을 특별히 찾을 필요가 없어진 거예요. 그 증거가 제게 있는 게 명백하고 명확했으니까요.

G: 교수님은 남들과 다르다는 점을 처음부터 의식했나요? 그런 경험 때문에 고통을 겪은 적은 없으신가요?

J: 언제 어느 시점부터 그런 사실을 의식했는지는 모르겠어요. 오늘날이라면 제가 남들과 다른 존재라는 느낌을 대체로 의식하지 못하겠지만, 당시로서는 다른 모든 사람들과 똑같아야 한다고

강요하는 온갖 시대흐름과 힘들에 저항하는 방어적 태도를 취했다고 말할 수 있을 거예요. 다른 존재라는 것은 똑같기를 요구하는 것에 맞선 투쟁이었어요. 또한 제 안에는 제가 다른 사람들과 같아야 한다고 압박하는 부분도 나란히 있었어요. 모든 아이들, 모든 청소년들은 한데 속하고 다른 사람들처럼 되고 싶은 욕구를 느끼기 마련이잖아요. 저 역시 마찬가지였어요. 그러나 동시에 저는 다른 아이들과 같지 않다는 점도 느꼈어요.

G: 아웃사이더라는 존재감이 어쩌면 교수님이 과학계에서 성공하게 된 한 이유가 되지 않았을까요?

J: 과학에서 성공이란 어떻게 얻는 걸까요? 어떤 의미에서 뭔가 새로운 것을 고안해내고 발전시키거나 관찰함으로써 이루어내는 것이겠죠. 어떤 다른 것을 관찰한다는 의미에서 '새로운' 이라는 말은 '다르게' 라는 낱말과 똑같이 사용할 수 있을 거예요.

저는 단독으로 컴퓨터를 발견했어요. 제가 다른 젊은 전문가들보다 똑똑했다고 생각하지는 않아요. 하지만 제게는 무엇보다 유머감각이 있었어요. 이를테면 지금도 제게 배어 있는 익살은 진지한 일을 할 때도 제게서 떠나지 않아요. 저는 컴퓨터를 약간 '다르게' —이는 아주 중요한 말이에요—볼 수 있었어요. 컴퓨터에서 어떤 다른 것을 건져낼 수 있었죠. 예컨대 프로그램을 작성한 거예요. 어쩌면 이것이 지금까지 제 성과의 핵심일 수도 있어요. 사람들을 웃게 만드는 프로그램이었죠. 그것이 다른 점이에요.

제가 다른 존재라는 것에 대한 예를 또 하나 들어보죠. MIT

의 동료들이 당시 베트남 전쟁에 대해 기뻐했다고 주장한다면 좀 지나칠 거예요. 그러나 어쨌든 그들은 대학의 컴퓨터학과가 한꺼번에 돈을 아주 많이 벌게 된 것을 좋아했어요. 온갖 연구 프로젝트를 관철시키는 것은 그 당시 문제도 아니었어요. 그 프로젝트들은 펜타곤으로부터 재정지원을 받았죠. 그리고 제가 그런 프로젝트들에 반대하면서 이런 의구심을 가졌던 것은 확실해요.

'잠깐, 우리가 여기서 대체 뭘 하고 있는 거지?'

저는 베트남 전쟁에 대해 처음부터 격분했어요. 미국이 이 나라를 폭격할 권리가 없었으니까요. 저는 그 방법들에 경악을 금치 못했어요. 일명 '안전한 햄릿 프로그램(secure hamlet program)'이 대표적인데, 이는 특정 마을의 주민들에게 그 마을을 떠나 베트콩으로부터 안전한 다른 마을로 가라고 명령하는 것이었어요. 그 뒤 그 주민들의 고향 마을은 '자유 발포 지역'으로 선언되었어요. 그것은 곧 전투기가 그곳에서 움직이는 모든 것에 마음대로 발포해도 된다는 것을 의미했어요. 정말 끔찍한 일이었죠. 수많은 베트남 사람들이 고향마을을 떠나려 하지 않은 것은 당연했으니까요.

제가 몸담은 대학이 정부와 대단히 밀접하게 연관되어 있다는 사실이 저로서는 끔찍했어요. 베트남에서 사용되는 몇몇 무기는 틀림없이 케임브리지에서 개발된 것이었어요. 어쩌면 제가 개인적으로 알고 있는 과학자들이 개발한 것이겠죠. 나치 시대의 독일 과학자들과 유사하다는 생각이 떠올랐어요. 독일 과학자들은 그 전까지만 해도 세계적인 명성을 누렸지만 몇 년 만에 그 명성을 몽땅 잃었어요. 거의 예외 없이 자원해서 나치에 봉사했거든요.

당시 대학교수라는 특성 때문에 어떤 요구를 받았다는 것은 제게 더 이상 중요한 문제가 아니었어요. 저는 중요한 미국 대학의 교수였고, 끔찍한 일들이 일어났어요. 그저 침묵하면서 그 참상이 벌어지게 내버려두면 안 되는 일이었죠. 그건 수치였어요. 그래서 반전운동에 참여한 거예요. 사울-바울로 이야기와는 아주 다르죠! 저의 경우에는 갑작스런 방향 전환이었다기보다 오히려 저라는 사람 그대로 머물렀다는 걸 의미해요.

G: 이런 태도를 취할 때 교수님의 이민은 어떤 역할을 했나요?

J: 우리 가족이 이민 오지 않았다면 제가 어떻게 되었을지를 말하는 것은 어려운 일이에요. 몇몇 친척들처럼 아우슈비츠나 비르케나우의 가스실 또는 그 어떤 다른 곳으로 끌려가 전쟁에서 살아남지 못했을 수도 있겠죠. 물론 제 삶의 모든 것은 이민과 관계가 있어요. 회의적인 시각이 제 존재의 일부가 된 것도 그 결과일 거예요. 저는 온갖 주장, 외적인 형식, 그럴듯해 보이는 확신, 구원론 등에 대해 회의적이에요.

저는 제가 남들과 다르다는 사실을 받아들이고 끌어안지 않고서는 계속 발전할 수 없다는 것을 아주 일찍 알았죠. 이미 어렸을 때부터 말이에요. 이는 방어적 태도와 연관이 있어요. 그리고 처음에는 부모의 세계, 그 다음에는 형의 세계, 그러고 나서는 생면부지의 신세계에서 제 자신을 관철시킨 성과와도 관련이 있어요. 제 자리를 구하고 찾을 줄 알았던 거예요. 당시 저에게 나아갈 방향은 그다지 다양하지 않았고, 무엇보다도 자신이 없었어요. 예전에 버팀목 역할을 하던 것들이 갑자기 사라졌으니까요. 따라서 생존은 어떤 식으로든 저항을 요구했죠. 저는 제가 남들과 다르고, 세계가 사람들이 주장하는 것처럼 존재하는 것만은 아닐 뿐더러 결코 보이는 것과 같지 않다는 것을 깨달았어요. 그리고 사태를 정확히 바라보는 데 익숙해졌어요. 제 주변에 있고 겉으로 당연하게 보이는 것들도 정확히 바라보았죠. 이것이 제가 다른 사람들과 구분되는 점이에요.

정확히 바라보기

G: 정확히 바라본다는 것은 무얼 의미할까요?

J: 예를 하나 들겠습니다. 저는 서구 유럽문화, 즉 그리스도교 문화가 주된 역할을 하는 사회에서 성장했어요. 언제 어디서나 빈번하게 십자가상을 보았죠. 십자가만이 아니라 십자가에 못 박힌 그리스도도 보았어요. 심지어는 목걸이에 십자가를 달고 다니는 사람들도 있어요. 십자가상은 책상 위에 놓여 있고, 거실과 손님방 벽에도 걸려 있죠. 교회에는 십자가상이 서너 개나 있는데, 실물만한 크기의 십자가상도 있답니다.

생각해봅시다. 한 사람이 매달려 있는 거예요. 십자가에 못 박혀 죽은 사람이죠. 그의 손과 발에 박힌 못도 보여요. 끔찍한 고문이죠! 그 사람은 십자가에 매달려 있는데, 아무도 십자가상을 제대로 보고 있지 않는 것 같아요. 십자가가 무엇을 보여주고 있는지, 실제로 무슨 일이 일어났는지 아무도 알아채지 못해요. 그러니까 여기에서 한 사람이 끔찍한 고통을 당하고 있다는 것을 아무도 모른다는 말이에요.

그럼에도—아주 흔한 일인데—사람들은 십자가상 앞에 앉아 아이스크림을 먹고 축제를 벌이고 기뻐할 수 있어요. 저는 미국, 바이에른, 스페인, 이탈리아를 비롯한 서구 세계의 대다수 그리스도인들이 십자가를 결코 보지 못했다고 생각해요. 십자가는 거의 어디에나 있지만, 그들은 십자가를 보지 못했어요. 그들은 자신을 들여다보며 결코 이렇게 묻지 않거든요.

'저건 대체 뭐지? 무슨 일이지? 여기에서 대체 무슨 일이 일어난 거야?'

제 생각에 이렇게 묻는 그리스도인은 극히 적다고 봐요. 저는 사제나 교회의 고위성직자들에 대해 말하는 게 아니에요. 약간의 신앙심이 있는 보통 그리스도인들을 말하는 거예요. 일요일이면 대개 교회에 가는 그리스도인들 말이에요. 그들은 제게 그리스도가 십자가에서 죽을 때까지 얼마나 오랜 시간이 걸렸는지 말할 수 없을 거예요.

그리스도가 십자가에서 죽는 데 몇 시간이 걸렸을까? 그리스도는 어떻게 죽었을까? 그리스도가 죽은 원인은 무엇이었을까? 그리스도의 사인은 폐에 물이 서서히 찼고 그 때문에 질식한 데 있어요. 아주 천천히 진행되는 끔찍한 형태의 죽음이죠. 이러한 잔혹함을 지각하지 못하는 것은 대단히 슬픈 일이에요. 어쩌면 수많은 인간의 행동을 설명하는 일종의 은유일지 몰라요. 아무것도 보지 않고 정확히 들여다보지 않으려는 준비가 바로 이 과정에서, 그러니까 종교 교육을 통해 아이들에게 기본 태도로 이식되었는지도 모를 일이죠.

제가 열 살 또는 열한 살 때였던 것으로 기억하는데, 국가사회주의자들이 권력을 잡은 후 이전의 독일 역사에서 영웅을 한 명 자랑스럽게 내보였어요. 바로 슐라게터(Albert Schlageter)[1]였죠. 슐라게터는 제1차 세계대전 후 루르 지역에서 프랑스 점령에 대항하여 사보타주(sabotage)를 주도했어요. 어쨌든 그는 그 일로 유죄판결을 받고 총살당했어요. 처형당한 거죠. 그런데 이 이야기가 말하자면 성담(聖譚)으로 만들어졌어요. 슐라게터가 국가사회주의의 영웅이 된 거예요. 이미 말했듯이 저는 열 살이었고, 제가 유대인이든 아니든 상관없이 학교에서 들은 그의 이야기에 매료되었어요. 그때만 해도 제가 유대인이라는 이유로 내쫓기기 전이라 김나지움에서 좋았던 때였던 것 같아요.

어쨌든 거의 어제 있었던 일처럼 기억이 나네요. 제가 얼마나 깊이 생각에 잠겼는지, 무엇을 상상했는지, 슐라게터의 처형 때문에 어떤 악몽을 꾸었는지 기억이 생생해요. 아주 세세히 상상했으니까요. '저기 슐라게터가 있어. 어쩌면 눈을 가린 상태로 말야. 그 다음에 처형 명령이 내려지는 거야.' 저는 사람들이 총 쏘는 것에 어떻게 반응하는지 상상해보았어요. '사람들이 총 쏘는 소리를 들었어. 그가 그 소리를 들었어. 그래. 그 다음에 총을 맞은 거야.'

예수의 십자가형과 연관하여 대부분의 사람들, 대부분의 아이들은 이런 식으로 내면화시키지 못했을 거예요. 물론 이 자리에서 그들에 대해 무얼 얼마나 광범위하게 추론할 수 있을지는 모르겠

---

[1] 나치 정권이 대중 영웅으로 숭배한 인물. 독일의 의용군 장교로 제1차 세계대전에 종군한 후 나치스에 입당했다.

지만, 분명한 것은 그런 식으로 보지 않는 법을 연습하고 있는 것은 아닐까 생각해요.

이 점에 대해 또 다른 예를 들고 싶어요. 1980년이나 1981년이었던 것 같은데, 오스트리아 라디오 방송이 잘츠부르크에서 인문학회를 개최했어요. 텔레비전과 라디오로 방송되는 대담에 수많은 관련 인사들이 초대되었어요. 저는 그 덕분에 잘츠부르크를 처음 가보게 되었죠. 잘츠부르크 시내를 쏘다니며 주위를 둘러보곤 했는데, 어느 날인가는 산책을 하다가 잘츠아흐 강 우측의 일명 모차르트 다리 발치에 있는 건물에서 나치친위대(SS) 기념 현판을 아주 똑똑히 보았어요. 현판에는 '우리의 명예는 충성을 뜻한다' 라는 격언이 적혀 있었어요. 게다가 나치스의 갈고리 십자가 휘장이 두 개나 그려져 있었죠. 저는 놀란 정도가 아니라 충격을 받았어요. 제 머릿속에서 수많은 질문들이 오갔죠.

'이게 어떻게 여기에 있지? 왜 아무도 항의하지 않았을까? 혹 누군가 항의했을까?'

저는 잘츠부르크에 살고 있는 평화연구가 친구 융크(Robert Jungk)에게—이 친구는 물론 파시스트가 아닌 게 확실했죠—물어보았어요. 그 친구의 대답은 이러했어요.

"미쳤어! 그런 게 여기 있을 리가."

그래서 저는 그 친구를 그 장소에 데리고 가서 현판을 보여주었어요. 친구는 너무 당황한 나머지 거의 말문이 막혔죠. 그러고 나서 그가 제게 이렇게 말했어요.

"내가 일하는 곳이 이 건물 옆이야. 내가 일하는 연구소가 바로 지척이란 말이야. 그런데 잘츠부르크에 사는 내내 이걸 한 번도 보지 못했다니."

한번은 제가 이 기념 현판 앞에 서 있다가 경찰이 지나갈 때 물어보았어요.

"나치친위대의 유명한 기념물이 대체 어디 있나요?"

경찰의 대답은 이러했어요.

"국가모독죄로 체포되고 싶으십니까?"

그래서 제가 어깨 너머를 가리키며 물었죠.

"그럼 이건 뭔가요?"

경찰은 기념 현판과 나치스의 갈고리 십자가 휘장과 격언을 보고는 고개를 내저으며 말했어요.

"글쎄요. 제가 평생 잘츠부르크에서 경찰로 일하고 있는데 이걸 여태 보지 못했네요."

그 이후로 저는 잘츠부르크에 갈 때마다, 그리고 어디서든 잘츠부르크 사람을 만날 때마다 거의 매번 나치친위대 기념 현판이 어디 있는지 아느냐고 물었어요. 예컨대 택시 기사에게도 물어보았죠. 이를테면 택시를 탈 때마다 목적지를 밝히고 곁들여 물어보았어요.

"유명한 잘츠부르크 나치친위대 기념물이 어디 있는지 아세요?"

저는 수년간 잘츠부르크를 수도 없이 방문하면서 그 기념물을 보았다는 사람을 한 명도 만나지 못했어요. 그런데 잘츠아흐 강 위에 있는 유명한 보행자용 육교인 모차르트 다리를 강 좌측에서 우측으로 건너면 기념 현판이 정면에 보여요. 정말 못 볼 리가 없는 거죠. 그냥 눈에 띄니까 말이에요. 그럼에도 그걸 본 사람이 아무도 없답니다. 그저 이런 식으로 대답할 뿐이죠.

“본 적 없는데요.”

“거기에 그게 있는지 전혀 몰랐어요.”

이에 대해 뭐라 말해야 할지 모르겠지만, 분명한 것은 대단히 강력하고 영향력이 큰 문제라는 점이에요. 우리의 능력이 얼마나 심각하게 억압될 수 있는지 놀라울 따름이에요. 그들이 내뱉는 말들이 과연 그 어떤 것을 설명하거나 변명하는 것인지는 모르겠어요. 그러나 그런 말들은 예컨대 젊은 과학자가 독일에서 1933년부터 1937년까지 아주 쉽게 교수직을 얻었다는 사실을 상기시켜요. 교수 자리가 더 이상 채워지지 않았기 때문이었죠. 독일 대학들의 수많은 교수직이 이 시기에는 비어 있었으니까요. 젊은 독일 과학자들은 무수히 많은 유대인 교수들이 떠났다는 사실을 알아채지 못했어요.

이런 일도 있었죠. 갑자기 시내에 있는 집을 쉽게 구할 수 있게 된 거예요. 그것도 집을 구하기가 어려웠던 베를린에서 말이죠. 하지만 사람들은 시내에서 집을 구하는 게 왜 갑자기 너무 쉬워졌는지 궁금해하지 않았어요. 어쩌면 그곳에 이주했거나 살해당한 유대인들이 거주했다는 생각이 정말 안 들었을까요? 나중에 단언하듯 이렇게 말하는 사람들이 대부분이에요.

“우리는 아무것도 몰랐어요.”

저는 얼마 전에 이러한 맥락에 맞닿아 있는 사실 하나를 ‘발견’했어요. 1942년 12월 《뉴욕타임스》에 실린 기사였죠. 1942년 12월 2일자였던 것 같은데, 독일에 있는 집단 학살 수용소에 관한 기사였어요. 하지만 전쟁이 끝날 때까지 그 수용소에 대해 몰랐다고 말하는 사람들이 대부분이었어요. 전쟁이 끝나기 3년 전 《뉴욕타임스》에도 분명히 집단 학살 수용소에 대해 적혀 있었는데 말이에요.

놀랍습니다. 정말 놀라워요. 이런 뉴스가 서구 세계로 전해지는 방법을 찾지 못한 게 아니라, 매체들이 이런 뉴스를 계속 유포시키지 않았던 거예요. 저는 그 기사를 읽거나 들은 사람 누구나 어쩌면 아주 무의식적으로 외면하거나 억압하지 않았을까 생각해요. 이런 식으로 말이죠. '그건 아주 먼 데 얘기야. 그러니까 우리와는 전혀 관계없어. 마치 달나라의 일처럼 말이야.'

G: 여러 해가 지난 뒤 처음으로 다시 유럽에 가시게 되었을 때 기분이 어땠나요?

J: 1936년 독일을 떠난 뒤 처음 다시 그곳으로 돌아간 것은 1950년대 말이었던 것 같아요. 그 사이에 수많은 시간과 경험이 있었죠. 전쟁은 아주 특별한 경험이었고, 다음으로 대학 역시 놀라운 경험이었어요. 따라서 저는 더 이상 독일을 떠날 때와 같은 사람이 아니었죠. 그걸 단 몇 문장으로 설명할 수는 없을 거예요.

다시 돌아갔을 때 접할 수 있었던 특별한 느낌이 하나 있었는데, 이 느낌은 독일로 돌아간 다른 이주자들 역시 공감할 거라고 생각해요. 그건 바로 독일어를 다시 '일상적으로' 듣는 체험이었어요. 그러니까 주변 사람들 모두가 당연하게 독일어로 말하는 체험 말이에요. 우리 가족은 미국에 갔을 때 독일어를 포기했어요. 더 이상 독일어로 말하지 않은 거죠. 따라서 독일로 돌아갔을 당시 저는 독일어를 잘 읽지 못했어요. 상당 부분 잊어버린 거죠. 그런데 모국어에는 뭔가 특별한 점이 있었어요. 오래전 지나간 시대의 멜로디를 듣는 것 같았죠. 독일어를 들으면 말로 표현할 수 없는 뭔가가 마음속에 울리거든요. 한편으로는 기쁘고 다른 한편으로는 충격적이에요. 오랫동안 보지 못했고 생각지도 못한 자기 자신의 한 부분을 다시 인식하는 거죠.

G: 그러면 독일에 있는 사람들에 대해 어떤 태도를 취하셨나요?

J: 많은 사람들, 다시 말해 제가 독일로 돌아가 처음 만난 대부분의 사람들은 나치 시대를 의식적으로 체험했을 게 분명한 연령대였어요. 당시 어린아이가 아니었다는 말이에요. 그래서 제게 때로는 명확하게, 때로는 불분명하게 항상 이런 의문이 찾아들어요.

그들은 무엇을 했을까? 그들은 어디 있었을까? 그들은 비밀을 지켰을까? 혹 그들이 저항을 했을까? 아니면 열심히 가담했을까?

늘 이런 질문들을 갖고 삶을 살아낸다는 것은 어려운 일이에요. 견디기 힘든 마음의 짐이죠. 게다가 묻지도 않았는데 거의 자동적으로 자신이 한 명 혹은 여러 명의 유대인을 도와주고 숨겨주었다고 주장하는 사람들도 많아요. 그리고 이런 식으로 말하는 거예요. "우리는 항상 반대하는 입장이었어요." 저는 이와 비슷한 소리를 자주 듣곤 했죠. 어떤 식으로든 나치를 지지했다고 말하는 사람은 거의 찾아볼 수 없었어요. 전 그것을 어떻게 이해하고 규정해야 할지 난감했어요. 그리고 궁극적으로 심한 불쾌감이 들곤 했죠.

　　그러나 다행히 젊은 세대가 있었어요. 글쎄, 그들은 어쩌면 미국의 개척자들과 비슷했을 거예요. 당시 저는 주로 대학교라는 무대 그리고 대학생들과 관계를 맺고 있었죠. 거기에는 이를테면 뭔가 정의로운 것을 만들어내야 하는 과제를 앞에 두고 있는—특히 부모 세대와 어떻게든 투쟁해야 하는—젊은이들이 있었어요. 그것이 개별적으로 정말 명확하게 실행되었는지의 여부는 중요하지 않아요. 어쨌든 당시 세대 간의 간극은 오늘날 열일곱 살짜리 청소년과 그 부모 사이에 놓인 세대 차이보다 훨씬 컸어요. 오늘날에도 간극은 존재하지만 그 당시처럼 크지는 않아요. 게다가 조금이라도 의식이 뚜렷하고 호기심 있는 사람이라면 흥미를 느끼지 않을 수 없는 시대였죠. 저는 확실히 그런 사람에 속했어요.

이성의 섬

J: 그러고 나서 저는 중요한 관찰을 하기 시작했어요. 어디를 가든 저는 선한 사람들을 찾아낼 수 있었죠. 이는 말하자면 정말 보편적인 현상이었어요. 물론 매번 사람을 만날 때마다 이 사람은 좋고 이 사람은 나쁘다는 식으로 판단을 내린다는 말은 아니에요. 그러나 모임을 끝내고 호텔방에 돌아갈 때마다 저는 따뜻한 감정을 느꼈어요. 제가 이해를 받았다고 느낀 거예요. 선한 이념을 지닌 사람들이 있는데, 제가 그들을 격려하면 그들은 스스로 용기와 희망을 발산했어요. 제가 그 당시에도 찾았고 오늘도 계속 발견하고 있는 이런 사람들, 이런 상황, 이런 경험을 저는 '이성의 섬'이라고 부른답니다. 그리고 제가 인도에 있든 미국에 있든 독일에 있든 상관없이 '이성의 섬'은 어디에나 존재하고 있어요.

G: 각각의 사회에서 서로 상이한 영역들에도 '이성의 섬'이 존재할까요?

J: 글쎄요. 저는 소위 '내 세계에서' 살고 있는 사람을 만날 개연성이 상당히 큰 세계에 살고 있어요. 정말로 아주 다른 세계,

그러니까 완전히 다른 경험을 한 사람을 접하기가 대단히 어렵죠.
물론 반유대주의자이거나 파시즘적인 경향을 지닌 사람들, 너그럽
지 못한 사람들, 자녀나 부인 혹은 남편에게 호통을 치거나 제 면전
에서 그들을 모욕하는 공격적인 사람들도 만납니다. 그런 사람들도
당연히 만나죠. 하지만 그들의 행동 방식 때문에 그들에게 전혀 이
성이 없다고 판단할 수는 없을 거예요.

여기서 제가 말하는 '이성의 섬'은 전혀 다른 어떤 것을 의미
합니다. 그것은 선한 것을 행하고 인간적으로 행동하는 것을 목적
으로 하는 사람들의 공동체를 뜻해요. 물론 모든 집단의 구조를 깊
이 통찰할 수 없다는 것은 알지만, 그래도 제가 받은 인상과 느낌을
믿어요.

이런 것을 한번 생각해보죠. 하나의 집단이 다른 집단의 존
재에 대해 알고 있고 그 집단과 접촉하게 된다면, 두 집단은 일종의
다리를 통해 서로 연결될 수 있어요. 그렇게 되면 비교적 커다란 섬
같은 것이 생겨날 거예요. 저는 점점 더 많은 섬이 연합하여, 우리
가 살고 있는 광기의 바다에 언젠가는 이성의 대륙을 형성할 거라는
희망을 갖고 있답니다.

제가 볼 때 이라크 전쟁에 반대하는 수많은 시위는 저와 같
은 사람들이 힘을 내고 동력을 얻을 수 있게 하는 중요한 예입니다.
전세계에서 많은 사람들이 반전시위를 했죠. 그들 중 상당수는 아
마도 그 전까지 시위에 참여해본 적이 없었을 거예요. 억압된 세상
에서 수많은 상이한 사람들이 마찬가지로 수많은 상이한 관심을 갖
고 있는데도 이 시위에 참여했다는 것은, 제가 볼 때 '이성의 섬'이
존재한다는 것을 증명하는 것 같아요. 더욱이 경우에 따라서는 그

들의 힘이 대단히 크고 강력할 수 있으며, 더 나아가 그들이 연합하거나 통합할 수 있는 비전 역시 현실성이 있다고 생각해요. 저는 이러한 희망이 소박하거나 순진한 거라고 생각하지 않아요. 아이젠하워(Dwight D. Eisenhower)의 말이 생각나네요. 그는 인간들이 평화를 너무도 간절히 원하여 평화가 그냥 주어질 수밖에 없는 시대가 언젠가 올 거라고 예언했죠. 우리는 평화가 그냥 주어지는 시점에 아직 도달하지 못했어요. 그러나 시위 때마다 우리가 그 시점에 정말로 아주, 아주 가까이 있다는 생각을 합니다.

G: 우리가 이성의 섬을 찾아야 하나요, 아니면 '이성의 섬' 역시 우연히 발견하게 될까요?

J: 저는 아주 상이한 장소들에서 '이성의 섬'을 발견합니다. 영화 한 편이 떠오르네요. 〈콰이강의 다리The Bridge on the River Kwai〉라는 영화를 기억하나요? 저에게는 이 영화가 처음 상영되었을 때 느꼈던 것보다 훨씬 큰 의미로 다가오는 영화입니다. 특히 눈에 선한 장면이 있어요. 영화 끝부분에 나오는 장면이에요. 다리가 세워진 뒤 기네스(Alec Guinness)[1]가 연기한 영국군 대령이 다리를 사열하는 장면이 있었죠. 그는 그저 한 영국 대령(혹은 기네스 자신)이 늘 하듯이 다리 위에서 달립니다. 그는 영국 장교들이 들고 다니

---

[1] 영국의 배우. 올드빅극장 등에서 연극배우로 활동하다가 영화계에 들어왔으며 분장의 명수로 1인 10역을 하기도 했다. 〈콰이강의 다리〉, 〈닥터 지바고〉 등의 작품으로 폭넓은 연기를 선보였다.

는 지휘봉을 팔 아래 끼고 있어요. 그러니까 이리저리 달리며 자기의 일을 정확히 살피는 거죠. 그는 무척 흡족해합니다. 만들어진 다리가 훌륭했거든요. 그 자신이 교육을 받은 토목기사였기 때문에 다리가 얼마나 잘 만들어졌는지 능히 평가할 수 있었죠. 그런데 갑자기 그가 잠깐 멈칫합니다. 바닥에 있는 얼룩을 보았기 때문이에요. 그는 지휘봉을 잡고 얼룩을 제거합니다. 다리는 다시 아주 완벽해지죠.

이 영화에서는 영국군 대령과 그의 동료들이 제2차 세계대전 중 일본군 포로수용소에서 세운 건축물, 그러니까 적에게 유용하겠지만 그 점이 완벽함에 대한 그의 욕구에 전혀 방해가 되지 않는 다리가 중요합니다. 그의 태도는 일종의 기술적인 열망과 상당한 관련이 있다고 말할 수도 있어요. 임무 수행은 그에게 열정이 되었고, 거의 중독이 되었죠. 심지어 이른바 적대적인 조건이나 적대적인 정권하인데도 말이에요. 그는 어떤 조건에서든 상관없이 영국 엔지니어가 얼마나 고도의 능력을 지녔는지를 세상에 보여주고 싶어 하는 거예요.

그가 눈에 거슬리는 얼룩을 제거하자 건축물은 다시 완벽한 상태가 됩니다. 그런데 그의 시선이 갑자기 다리 아래쪽 철사에 닿았어요. 불안이 일더니, 그곳에 저항군 집단이 있다는 사실이 밝혀집니다. 그들 중 한 명은 일본군 포로수용소에 구금되었던 사람이었죠. 그 사람은 탈출에 성공했고, 이제 다리를 폭파하겠다는 의도를 품고 다이너마이트를 갖고 돌아온 거예요.

금세 모든 게 폭파되리라는 것은 아주 분명해요. 영국군 대령이 철사를 발견하고 경보를 울린 뒤, 열 명 내지 스무 명이 총을 주고받는 총격전이 벌어집니다. 이제 카메라는 강가에 있는 어떤 부상자를 향합니다. 그 부상자는 전체 장면을 관찰하고 단 한마디를 내뱉습니다.

"미쳤어."

그는 영어로 'madness'라는 낱말만 말합니다. 이 말을 두 번 하는 것 같아요. 저는 이것이 이 영화에서 가장 중요한 동기 중 하나라고 생각해요. 아니, 그 이상이에요. 그건 우리 세계에 대한 논평이죠. 저는 우리가 정신병원에 살고 있고, 우리 세계가 미쳤다고 생각해요.

제가 하려는 말은, 강가에 앉아 사건을 관찰하는 이 남자가 어쩌면 평생 처음으로 어떤 광기가 그곳을 지배하고 있는지 아주 분명히 인식했다는 거예요. 비록 그가 이미 오랫동안 그 광기와 대결하거나 관여했다 하더라도 말이에요.

우리 모두는 갑자기 어떤 본질적인 것을 파악하게 되는 계기들을 접할 때가 있어요. 그러면 우리는 자신이 깨달은 것을 세상을 향해 진술해야 해요. 다시 말해 다른 사람들을 우리의 인식에 참여시켜야 한다는 말입니다.

G: 교수님께서는 지난해에 이런 모토로 강연을 하셨죠. '위대한 영화들에 나오는 장면들 속의 20세기.' 영화는 교수님께 어떤 의미를 지니고 있나요?

J: 저는 사실 몇 편의 영화로부터 많은 걸 배웠어요. 영화 〈키 라르고Key Largo〉를 예로 들어볼게요. 한 호텔을 어느 갱단이 점령합니다. 보가트(Humphrey Bogart)와 로빈슨(Edward G. Robinson)

이 상대역으로 등장하는데, 저는 특히 보가트가 갱 두목 로빈슨에게 도대체 무엇을 원하는지 묻던 장면이 기억납니다. 로빈슨은 잠시 생각에 잠기더니 단 한마디 "더(more)"라고 말하죠.

'더', 이 한마디가 우리 사회를 특징짓는 데 중요한 것 같아요. 갱들에게만이 아니라 대부분의 사람들에게 있어서도 마찬가지예요. 우리는 우리가 무엇을 원하는지 잘 알지 못하고, 원래 전혀 알지 못했어요. 우리가 알고 있는 것은, 우리가 '더' 원한다는 사실뿐이에요. 물론 1940년대 후반에 나온 이 영화는 수십 년간 지속된 당대 분위기를 재현하고 있어요. 오늘날에는 실제로 몇 가지 달라진 점이 있죠. '더'라는 표현은 어떤 낙관주의를 내포하고 있는데, 오늘날은 낙관주의가 거의 존재하지 않아요. 지금 대부분의 사람들은 '더' 원하기보다는 자신이 갖고 있는 것을 지키려고 해요. 이전 시대와 가장 큰 차이를 보이고 있는 점이죠. 이제 사람들은 안전을 원해요. 한편으로는 불안이 더욱 커졌고, 다른 한편으로는 거의 물불을 가리지 않는 정부에 대한 불만도 커졌어요. 부자들을 위한 미국의 정책에 대한 저항이 커지고 있어요.

"우리는 부유한 나라입니다. 우리는 400마력의 고급 자동차를 구입할 수 있습니다……."

미국의 수많은 선전 문구들은 사람들에게 점점 도발처럼 느껴지고 있어요. 이것이 국회의원들 대부분을 내쫓는 반란으로 이어질지, 아니면 국민적인 위기로 이어지는 반란이 되어 군대의 투입을 필요하게 만들지는 불확실해요. 그러나 저는 모든 게 이런 방향으로 발전하고 있다고 생각해요.

G: 이성의 섬 이야기로 돌아가겠습니다. 이성의 섬에 대한 그림은 교수님의 다른 진술과 일치합니다. 이를테면 소위 개인의 무기력은 어쩌면 인간이 가질 수 있는 가장 위험한 착각이라는 견해와 같아 보입니다. 그것은 도발적인 생각입니다. 제가 개인으로서 아무것도 할 수 없다고 말한다면 거의 누구나 수긍할 것이기 때문입니다. 개인의 가능성이란 어디에 있습니까?

J: 그 가능성은 누구나 스스로 찾아야 해요. 자신을 명확히 단정짓지 마세요. 절대 외부에서 결정하게 두지 마세요. 명확히 선을 긋고 A와 B 사이를, 즉 선과 악 사이를 구분한다는 사고가 만연하고 있는데, 이는 사실 나태함에서 비롯되는 것입니다. 게다가 이런 사고방식은 대개 속임수 내지 자기기만에 불과해요.

예를 하나 들어볼게요. 이러 질문으로 시작해보죠. '낮은 언제 끝나고 밤은 언제 시작될까요?' 제가 강연에서 청중에게 이 질문에 답하라고 요구한다면, 상이한 여러 대답이 나올 수 있어요. 영국인이라면 이렇게 말하겠죠.

"칵테일 시간(cocktail hour)[2]입니다."

이를테면 티타임(tea time) 다음이지만 칵테일을 마시기 전 시간이라는 말일 거예요. 또 다른 청중은 이렇게 말할 겁니다.

"해가 질 때입니다."

해가 언제 지는가에 대한 대답은 사람이 어느 위치에 있느냐에 따라 달라져요. 그러니까 낮이 언제 끝나고 밤이 언제 시작되는

---

[2] 저녁식사 직전, 또는 오후 4~6시경.

가에 대한 우리의 정의는 대단히 주관적이고, 또한 다소 자의적이
에요. 그러나 한 가지 사실은 분명하죠. 즉, 정오가 낮이고 한밤중
이 밤이라는 것을 우리가 알고 있다는 점 말이에요. 비록 그 경계를
정확히 알지 못한다 하더라도, 그것이 완전히 길을 잃거나 방향감
각을 상실했다는 것을 의미하는 것은 아니에요.

G: 저는 개인으로서 적어도 저 자신을 위해 어디에 전력을 쏟아야 할까요?

J: 인간은 이야기를 나눌 때 눈으로 볼 수 있거나 손으로 만
질 수 있는 사람들과 가장 밀접하게 연결되어 있어요. 모든 것은 자
신의 주변에서 시작되기 마련이죠. 예를 들어 많은 사람들에게 말
을 걸 수 있는 행운을 지닌 교사가 있다고 합시다. 제가 볼 때 그것
은 교사가 커다란 힘을 가질 수 있고 또 그 때문에 커다란 책임도 가
질 수 있다는 것을 의미합니다. 교사에게 일어날 수 있는 최고의
일, 즉 가장 아름다운 일은 누군가로부터 편지 한 통을 받는 거예
요—저는 일곱 번이나 경험했어요. 물론 그것은 똑같이 복사되어
동문들에게 보내지는 편지일 수도 있어요. 이런 편지들은 어떤 의
미에서 전부 똑같으니까요. 그것들은 대개 이렇게 시작합니다.

"존경하는 교수님, 교수님께서는 저를 기억하지 못하실 게
분명하지만, 저는 여러 해 전에 교수님 반 학생이었습니다. 교수님
은 교수님 때문에 제 인생이 바뀐 것을 아셔야 합니다."

그러면 사람들은 제가 그 학생의 인생을 어떻게 바꾸어놓았
느냐고 물을 겁니다. 특정한 질문에 대한 일종의 답변을 통해 그런
일이 생겼거나, 다른 사람들이 언제나 우스꽝스럽게 여긴 질문을

제가 진지하게 여겼기 때문에 그런 일이 생겼을 수도 있을 거예요. 여기에서 중요한 것은—바로 이것 때문에 제가 여기에서 언급하고 있습니다만—제가 그 당시 누군가의 삶을 바꾸겠다는 의도를 갖지 않았다는 점이에요. 저는 질문에 대답하는 방식이 그렇게 큰 의미를 지닐 수 있는지 전혀 몰랐어요.

하지만 교사로서 저는 언제 어디서 누군가의 인생을 바꾸어 놓을지 결코 알 수 없어요. 따라서 그 가능성이 바로 지금 있는 것처럼 행동해야 해요. 심지어 그런 태도는 교사에게만이 아니라 결국 모든 사람에게 적용된다고 생각해요. 크고 작은 아이들의 부모들, 친구들, 연인들, 즉 평범한 모든 사람들에게 적용된다고 봐요. 그것은 모두에게 적용됩니다. 그러나 많은 사람들이 자기 자신에게 꼭 필요한 이러한 의식을 전혀 갖고 있지 않아요.

딸들이 아직 어렸을 때 한번은 제가 아이들과 놀이를 했어요. 저녁 때 식탁에 둘러앉은 네 명의 어린아이를 상상해보세요. 제가 네 아이에게 이런 질문을 던졌어요.

"너희가 볼 때 전세계에서 살아 있는 것 중 가장 중요한 존재가 뭐니?"

저는 메모지를 나누어주며 아이들에게 답을 적게 했어요. 아이 하나가 '말'이라고 적었죠. 그래서 제가 이렇게 말했어요.

"아냐, 아냐, 그건 너무 일반적이야. 아빠는 그렇게 일반적인 것을 생각한 게 아냐. 만약 말이라면, 어떤 특정한 말이어야 해. 그리고 이름도 있어야 할 거고. 그러니까 살아 있는 어떤 유일한 존재가 너희에게 가장 중요하냐는 거야."

오래 걸리지 않아서 네 딸 모두 자기들이 바로 그런 존재라는 생각에 이르렀어요. 살아 있는 가장 중요한 존재는 바로 자기 자신이에요.

이제 이런 질문을 해보겠습니다. '인간은 자기 자신을 지배할 힘을 갖고 있는가?' 물론 많은 사람들이 자기 자신의 힘으로 살아갑니다. 그냥 그렇게 혼자서 살고, 목적 없이 삶을 살아가고, 그저 오늘 해야만 하는 것을 합니다.

그러나 어른이 된다는 것, 즉 '성숙한다는 것'은 자기 자신에 대해 스스로 결정할 수 있다는 의식 또는 인식이 있어야 시작됩니다. 아이일 때부터 그래요. 저는 딸들에게 그 점을 설명해주었어요. 이는 저녁 때 언제 잠자리에 들 것인지를 결정할 수 있다는 말이 아니에요. 훨씬 중요한 차원을 말하고 있는 거죠. 즉, 스스로 생각할 수 있다는 것, 그리고 부모가 말하는 것이 절대적일 필요가 없다는 것이에요. 사람은 부모와는 뭔가 다르게 생각할 수 있어요. 이처럼 스스로 생각한다는 것은 자기 자신을 지배할 힘의 행사를 의미해요. 만약 그렇지 못하고 무기력하다는 생각이 든다면 그 순간 사람은 인형으로 변해버리는 거죠.

G: 그렇다면 우리가 개인으로서 무력하지 않다는 말씀이신가요?

J: 전혀 그렇지 않아요. 당시 MIT 교수였던 제 자신의 상황을 살펴본다면 말이에요. 그때 저는 미국에서 궁극적으로 연구에 의해 뒷받침되는 군사적 광기와 씨름했어요. 우리는 대학에서 베트남 전쟁에 쓰일 무기와 무기 시스템을 만들어냈죠. 그 점에 대해 저는 끔찍한 이야기를 들려줄 수 있답니다. 저는 MIT가 펜타곤과 매

우 밀접한 관계였다는 말만 반복할 수 있어요. 그리고 당시 유대인 이민자로서 제가 어떤 역할을 할 것인지 자신에게 물어봐야 했어요. 수많은 사람들, 특히 나치 시대 대부분 독일 과학자들과 교수들과 학자들에게서 제가 그렇게도 증오했던 역할을 말이에요. 그것은 말하자면 이런 태도예요.

'나는 자연과학자이고, 이것은 내 전공이이야. 하지만 내 연구를 통해 만들어진 결과물은 나와 상관없어. 나는 정치인이 아냐. 그 점에 대해서는 다른 사람들이 책임이 있어.'

저는 베트남 전쟁 시기와 미국의 시민해방운동 시기에 했던 독일 교수들의 역할을 제가 하고 싶은지 스스로 물어보았어요. 그리고 마침내 저는 아주 명백한 결론을 내렸어요. 분명한 입장을 취했던 거죠.

G: 왜 MIT를 떠나지 않으셨습니까?

J: 좋은 질문입니다. 저는 종종 아주 자유로운 전문대학이나 종합대학에서 가르치는 것을 상상해보곤 했어요. 초원으로 둘러싸이고 근처에 숲이 있는 야외에서 말이에요. 아주 전원적이죠. 그런 꿈을 때때로 꾸었어요. 자유롭거나 진보적이기까지 한 학생들과 동료들이 있는 작은 대학을 상상했죠. 미국에도 그런 대학들은 있어요. 그러나 제가 그런 대학에 있었다면 틀림없이 MIT에 있고 싶어했을 거예요.

어쨌든 제가 MIT를 위해 특정한 기능을 수행한다는 것, 다시 말해 이 대학이 저를 일종의 무화과 잎사귀[3]로 이용한다는 것은 분명했어요. 이를테면 MIT는 기술에 대한 맹목적 믿음과 펜타곤에 대한 과도한 의존 때문에 비난을 받거나, 학교에 있는 컴퓨터에 대한 비판적 목소리가 없느냐는 질문을 받았을 때 한결같이 대답했어요.

"물론 있죠. 바이첸바움 교수님은 그런 문제를 생각하고 또 그 점에 대해 글도 씁니다."

그러나 제가 이 분야에서 유일하게 비판적인 사람은 아니었어요. 예나 지금이나 다른 동료들도 있죠. 당장 언급할 수 있는 저명한 인물로는 촘스키(Noam Chomsky)[4]가 있어요.

MIT에서 제 역할은 분명했고, 저는 그 역할을 받아들였어요. 저를 훨씬 우울하게 만든 것은 제가 학부 위원회 총회나 강의 혹은 시위에서 무슨 말을 할 때마다 몇몇 동료들이 다가와서는 팔로 제 어깨를 감싸고 이렇게 말하곤 했던 경험이었어요.

"자네, 말 잘했어. 한번은 그렇게 분명히 말했어야 해. 자네가 그걸 말해주어서 기쁘네."

그러고 나서 그들은 아주 조용히 자기 자신에게 이렇게 말했을 거예요.

'이제 한번 언급되었으니까 더 이상 말할 필요는 없어. 네가 언급했으니까 내가 더 이상 할 필요는 없어.'

---

[3] 아담과 이브가 무화과 잎으로 앞가리개를 엮었다는 〈창세기〉 3장 7절에서 유래한 것으로, 무엇을 숨겨 감추는 것에 대한 은유로 쓰인다.

[4] 미국의 언어학자로서 변형생성문법 이론으로 언어학에 큰 영향을 끼쳤다. 또한 1960년대부터 활발히 사회운동에 참여하여 미국을 대표하는 비판적 지식인으로 평가받고 있다.

수많은 동료들이 소위 개인적으로는 저를 지지했지만 공개적으로 나서지 않았다는 사실 때문에 어쨌든 저는 정말 슬펐어요. 이제 저는 정년퇴직을 했지만 여전히 MIT에 연구실이 있죠. 원하면 강의도 할 수 있어요. 그러니까 지금도 MIT에서 멀리 떨어져 있는 것은 아니에요. 저는 여전히 그곳에 있답니다. 제 자리가 MIT에 있다는 것, 그리고 제가 거기에 속한다는 것이 언제부터인가 분명해졌어요. 어쩌면 일종의 자만일지 몰라도, 제 목소리가 다른 어느 곳에서보다 바로 MIT에서 학생들과 젊은 동료들에게 더 필요할 거라고 생각했어요. 그런 이유에서 저는 그곳에 머물렀어요.

G: 촘스키를 거명하셨는데, 그분의 사정도 유사한가요?

J: 언어학자인 촘스키는 금세기의 가장 위대한 천재 중 한 사람이에요. 저는 그 점을 확신해요. 촘스키가 MIT에서 학생들을 가르친 지 벌써 40년 이상 되었을 거예요. MIT가 수여할 수 있는 모든 명예표창이 촘스키에게 주어졌어요. 수많은 국제적인 표창은 말할 필요도 없고요.

베트남 전쟁 때 촘스키는 전쟁을 반대하는 단호한 목소리를 낸 사람들 중 한 명이었어요. 그는 온갖 저항을 실행했어요. 큰소리로 시위하고 전쟁을 반대하는 글도 많이 썼죠. 제가 당시 학생들에게 촘스키가 이러저러한 행동을 하거나 이런저런 견해를 밝힐 거라고 말하면 그들은 종종 이렇게 말했어요.

"그래요, 그게 바로 촘스키죠. 그는 그럴 수 있어요. 정말 위대한 사내죠!"

그러면 저는 학생들에게 이의를 제기하고, 그가 늘 위대한 촘스키는 아니었다는 점을 생각하게 만들어야 했어요. 촘스키 역시 예전에는 초보였으니까요. 조교수였죠. 그런데 이 점은 아무리 강조해도 지나치지 않습니다만, 전후 초기 MIT에서 촘스키는 아주 어린 '조교수'로서 머릿속에 간직한 미래 외에 미래에 대한 어떤 보장도 없는 상황에서 벌써 무정부주의를 지지하고 나섰어요. 촘스키가 무정부주의자이고, 그것도 확신을 갖는 무정부주의자라는 것을 누구나 알 수 있었고 알게 되었죠. 그는 평생 대학 안팎에서 무정부주의자로서 행동했어요. 무정부주의자임을 결코 부인하지 않았고, 그 사실을 결코 감추지도 않았어요. 하지만 이렇게 입장을 밝혔다고 해서 그에게 무슨 일이 일어난 것은 아니에요. 전혀 그렇지 않았어요. 가령 그가 위대한 사내였기 때문은 아니에요. 당시에 그는 아직 그렇지 못했으니까요. 그 당시 그는 어리고 아주 허약했으며 상처받기 쉬웠어요. 그러나 그는 자기의 비판적인 정치적 입장을 결코 숨기지 않았어요.

J: 아, 그렇죠. 정신적인 다리들을 언급해보죠. 말하자면 이성의 한쪽 섬에서 다른 섬으로 이어지는 다리죠. 그것은 물론 은유로 쓰인 말이에요. 하지만 '섬'이라는 개념에서는 고립된 존재라는 의미 역시 함께 울립니다. '이성의 섬'들이 다른 섬들로부터 '분리된 채' 오랫동안 고립될 수 있다는 것, 그리고 그 섬들을 하나로 통

합해야만 한다는 것이 제겐 분명해 보입니다.

G: 각각의 사람들과 연관하여 볼 때, 그것은 또한 한동안 자신의 외로움을 견뎌내야 한다는 요구를 의미합니다.

J: 그렇습니다. 언젠가는 서로 연합될 수 있는 다른 인간들이 있을 거예요. 저의 책 《컴퓨터의 힘과 인간 이성*Computer Power and Human Reason*》이 나왔을 때가 기억나네요. 사람들로부터 수많은 편지를 받았죠. 그들은 자기들과 비슷하게 생각하는 누군가가 있다는 것을 전혀 몰랐다고 썼어요. 자기들이 강물을 거슬러 헤엄치는 유일한 사람이라고 생각했던 거예요. 그들은 자신의 이념 때문에 완전히 혼자라고 느꼈고, 그 점에 대해 침묵했어요. 남들에게 미친 사람으로 보일까봐 두려웠으니까요. 그들이 자신과 견해를 공유하고 함께 소통하는 단 한 사람만이라도 알았다면 모든 게 달라졌을 거예요.

그리고 나서 이 책이 나왔죠. 이 책은 물결을 거스르는 벡터(vector)[5]처럼 많은 의미를 지니게 되었어요. 따라서 자신의 이념을 당당히 밝히고 다른 사람들에게 보여주는 것은 아주 중요해요. "당신은 그걸 할 수 있어요." "그렇게 생각하는 것은 당신의 당연한 권리예요. 당신이 그걸 실천에 옮기는 것은 옳은 일이에요." 이런 식

---

[5] 어떤 장소의 위치를 말할 때 우리는 여기서부터 '어느 방향'으로 '얼마만큼' 떨어져 있다고 얘기해야 한다. 이처럼 방향과 크기 전부를 표현해야 할 때 벡터를 사용한다.

으로 말이죠.

독일군 소령 파프(Florian Pfaff)가 머리에 떠오릅니다. 그는 2003년 초에 군사적 소프트웨어 프로그램 개발에 동참하기를 거절한 사람이에요. 그의 견해에 따르면, 이 프로그램이 이라크에서의 전쟁 협상을 지원했다고 합니다. 그래서 그는 프로그램 개발에 동참하는 것과 자기의 양심을 일치시킬 수 없다고 주장했어요. 그는 당연히 명령 불복종으로 고발당했지만, 양심의 자유라는 기본권을 주장하며 저항했어요. 그가 볼 때 이라크 전쟁은 국제법을 위반한 침략전쟁이었으니까요. 그의 상관 중 그 누구도 그가 개발해야 하는 소프트웨어 프로그램이 미국의 병참 업무 지원에 활용되지 않는다고 보장할 수 없었어요.

파프 소령은 처음에 명령 불복종으로 유죄판결을 받고 강등당했어요. 그는 항소했고, 그 판결은 2005년 연방행정재판소로부터 무효 처분을 받았어요. 강등도 마찬가지로 무효 처리되었죠. 직무 위반 혐의도 벗었어요.

이건 아주 중요한 사건이에요. 처음에는 개인에게만 해당되지만 결국 수많은 사람들에게 필연적인 영향을 미치는 사건이죠. 저는 이 사건이 아주 위대한 일이라고 생각해요. 다른 사람들에게 용기를 주는 일이죠.

베트남 전쟁 시기가 다시 생각나네요. 저는 단 한 명의 교수일지라도 길거리로 나가 항의하는 것이 아주 중요하다고 여겼어요. 이 전쟁을 반대하기 때문만은 아니었어요. 그것은 물론 특히 학생들에게 전쟁에 반대하는 시위를 하는 게 정당하다는 것을 알려주기 위한 것이기도 했어요. 학생들이 그러한 일을 해도 되고 또 그 때문에 처벌받지 않는다는 것을 똑똑히 알아야 했으니까요.

G: 그것이 기본권이라는 걸 알아야 한단 말인가요?

J: 그래요. 그리고 기본권은 실행하지 않으면 결국 사라지거
든요.

G: 교수님께서는 모든 개인이 전 인류의 안녕이 자신에게 달려 있는 것처럼 행동해야 한다고 쓰신 적이 있는데요. 여기에서 자신의 안녕이 스스로에게 달려 있는 것처럼 행동하는 것만으로도 이미 하나의 전 단계이자 중요한 단계라고 하셨습니다.

J: 베를린에 있는 어느 김나지움을 방문한 적이 있어요. 학생들은 이미 저에 관한 글을 읽었더군요. 그러니까 저의 방문을 준비한 거예요. 대화가 시작되자마자 어느 여학생이 방금 벤트 씨가 말씀하신 구절을 인용하면서 제게 물었어요.

"전세계의 운명이 자신에게 달려 있는 것처럼 살아야 한다면 일종의 과대망상에 이르지 않을까요? 그렇게 되면 히틀러처럼 광기를 야기할 위험이 있지 않을까요?"

저는 이런 물음까지는 생각해보지 못했어요. 그래서 깊은 인상을 받았고, 어린 학생이 그 문제에 대해 이렇게까지 깊이 생각해보았다는 것 때문에 기뻤어요. 정말 그렇게 될 수도 있다는 점을 인정하지 않을 수 없었거든요.

그러나 이 구절이 원래 의도했던 바는 책임에 대한 준비였어요. 저는 책임을 떠맡으라고 요청하고 싶었던 거예요. 그러니까 사람들이 생각하는 의미에서가 아니었어요. 자기가 세계의 운명을 결정하니까 모든 것을 할 수 있고 남들은 옆으로 피해야 한다는 뜻이 아니었어요.

그런 게 아니에요. 제 말은 세계의 운명이 자기에게 달려 있는 것처럼 '책임감'을 갖고 행동해야 한다는 뜻이었어요. 그리고 이미 이야기했습니다만, 세계는 자기 자신으로부터 시작되거든요. "나하곤 상관없어"라고 말하면 안 됩니다. 모든 게 상관이 있어요!

그렇다고 지나치게 진지하게만 살아야 한다는 말은 물론 아니에요. 그리고 이것은 대단히 중요한데, 자기의 행동을 계속 통제하고 평가해야 한다는 걸 뜻하는 것도 분명히 아니에요.

G: 책임에는 오류도 따르고, 위험을 감수할 용기도 포함됩니다. 제가 어떤 독자적인 것을 행하려 할 때는 언제나 위험을 감수해야 합니다.

J: 게다가 오늘 오류로 보이는 것이 내일은 선한 행위로 입증될 수 있어요. 힘이 있다는 것— '힘이 있다'고 표현하는 게 마음에 들지는 않습니다만—은 오류가 없다거나 모든 것을 처음부터 대단히 심사숙고하여 조치를 취한다는 것을 의미하는 게 아니에요. 그러니까 마음대로 한다는 것을 뜻하는 게 아니죠. 그리고 그것이 어쨌든 제게는 삶의 기쁨과 유머감각을 잃어버린다는 것을 의미하지 않아요. 유머는 거리를 취하게 해요. 종종 훌륭한 재치를 통해 사물들을 다른 시각에서 보면 새로운 인식과 통찰이 생긴답니다. 자기 자신에 대해서도 농담할 수 있어야 해요.

아주 부차적인 이야기인데, 재치는 인간의 창조적인 표현 형식이라고 생각해요. 언제 농담을 했는지 정말 곰곰이 생각해보아야 해요. 우리는 남에게서 들은 농담을 이야기하죠. 그러나 얼마나 자주 스스로 농담을 하나요? 실제로 농담하는 사람들은 정말 창조적인 사람들이에요. 농담을 했다는 사실을 발견하는 것은 대단히 멋진 일이죠. 그것은 정말 커다란 성공이라 할 수 있어요.

G: 말씀을 들으니 언뜻 떠오르는 것이 있습니다. 힘이 없다는 의미에서 '무력함'의 반대말을 찾기가 어렵다는 점입니다. 힘이 반대말은 아닐 겁니다. 그렇다고 강함도 아닙니다. 그것은 뭔가 다른 것입니다.

J: 이로써 다시 한번 작은 통찰을 해야겠군요. 어떤 사안에 대해 무조건 적절하고 간결한 낱말을 찾을 필요는 없어요. 적절하고 간결한 낱말은 때때로 도움이 될지 모릅니다. 그러나 어떤 사안에 대해 이야기를 하기 위해 반드시 그 일을 명확히 규정할 필요는 없어요. 우리는 알고 있는 많은 일들에 대해 이야기할 수 있지만 규정할 수는 없거든요. 예를 들면 사랑이 그래요. 사랑은 너무 총체적이고 심원한 사안이어서, 한 문장이나 에세이 한 편 또는 책 한 권이나 일련의 책들로 대충 설명하는 것조차 불가능해요. 그렇다고 우리가 사랑이 없다고 주장하겠습니까? 무력함과 그 반대말의 경우도 이와 비슷해요.

G: 무력함을 인정함으로써 자신의 관심사에 대해서조차 결정하지 못하는 경향이 예나 지금이나 널리 퍼져 있습니다. 이런 경향은 전문가들이 어떤 영역에 자리

를 잡았는지 관찰하기만 하면 알 수 있습니다. 오늘날 전문가란 하나의 발명품입니다.

J: 우리 생활세계가 분할되어 나타난 필연적인 결과예요. 우리는 모든 것을 분석할 수 있죠. 즉, 작은 부품들로 나누면 각각의 작은 부품마다 전문가가 있어요. 인간의 몸을 예로 들어볼게요. 심장과 눈이 있고, 신체 각 부분마다 아주 특별한 전문가가 있죠. 그리고 결혼과 이혼 또는 기타 일어날 수 있는 모든 일에 대한 전문가도 있어요. 이는 모든 것을 분석하고 규정할 수 있다는 데 근거를 둔 자연과학이 이룬 긴 승리행렬의 유산이에요. 오늘날 세상을 지배하는 깊은 믿음 가운데 하나죠. 그런데 이제 물리학이 전혀 다른 견해를 보이고 있다는 게 흥미롭습니다. 양자역학[1] 또한 이제 모든 것이 작은 부분으로 나뉠 수는 없다고 말하니까요.

G: 저는 사람들 사이에 문제가 있을 때마다 상담소에 문의하라고 권하는 것을 굴욕적이라고 느껴요. 사람들은 자기 성찰 능력을 스스로 쫓아냄으로써 자신을 제한하게 됩니다.

J: 사람들이 컴퓨터를 치료사로 투입할 생각을 한다 해도 놀랄 일이 아니에요. 이러한 현상은 우리 안에 너무 깊이 배어 있어서

---

[1] 양자론의 기초를 이루는 물리학 이론의 체계이다. 원자, 분자, 소립자 등의 미시적 대상에 적용되는 역학으로 거시적 현상에 보편적으로 적용되는 고전역학과 상반되는 부분이 많다. 양자역학은 고전역학과 달리 확률론적 입장을 취한다. 확률론적 입장은 비록 현재 상태에 대하여 정확하게 알 수 있더라도 미래에 일어나는 사실을 정확하게 예측하는 것은 불가능하다는 입장이다.

우리의 언어가 바뀌었을 정도예요. 그리고 그것은 그 현상이 아주 특별한 작용을 한다는 것을 의미하죠. 방금 '사람들 사이의 문제' 라고 말씀하셨죠. '문제' 라는 낱말은 어디서 왔을까요? 제 생각에, 독일과 다른 나라들, 그리고 미국에서도 틀림없이 전쟁 이전의 문학—제2차 세계대전 이전의 문학을 말합니다—에서 '문제' 라는 단어는 전혀(혹은 거의) 오늘날 우리가 사용하는 것처럼 등장하지 않았던 것 같아요.

오늘날 우리는 이렇게 말하곤 합니다. "내 위에 문제 있어." "나, 결혼에 문제 있어."

독일의 토마스 만(Thomas Mann)이나 미국의 헤밍웨이(Ernest Hemingway), 그리고 포크너(William Faulkner)의 작품들에 나오는 등장인물들은 이와는 다르게 말했던 것이 생각납니다.

"나, 위가 아파." "결혼이 엉망이 되는 바람에 우리 둘 다 고통을 받고 있어." "당신은 날 더 이상 사랑하지 않아."

이들의 작품에서는 이런 식으로 말했어요. "나, 결혼에 문제 있어."라는 식으로 말하지 않은 거죠. 이런 현상은 영어를 비롯한 많은 다른 언어들에도 배어 있어요. 컴퓨터의 승리가 이와 관련되어 있는 게 분명합니다.

컴퓨터는 '보편적 문제 해결자' 로서, 즉 모든 것에 대한 해결방안으로서 도입되었어요. 어떤 일을 컴퓨터에게 넘길 수 있다는 생각이 40년 전에 농담처럼 시작되었죠.

"자, 이 컴퓨터에게 물어봐."

처음에 이 말은 농담이었어요. 그러나 이 농담은 서서히 진지하게 받아들여졌죠.

우리는 문제를 가지고 있고, 문제는 해결을 요구해요. 문제와 해결, 이 두 개념은 서로 불가분의 관계에요. 이것이 의미하는 바는, 문제가 있다면 이 문제에 적용할 수 있는 어떤 해결 방법이 있다는 거예요. 그것은 수학적인 방법일 수도 있어요. 여기에서 해결 방안이 나오는 거죠.

그러나 인간의 삶에서는 사정이 달라요. 인간의 문제도 사정이 다르죠. 이제 '문제'라는 단어를 사용할게요. 인간의 문제, 사회의 문제는 결코 해결되지 않아요. 결혼생활에 정말 문제가 있을 때 사람들은 이 문제를 다루는 상담사나 전문가를 찾아갑니다. 결혼 전문가는 아마도 이렇게 말할 거예요.

"선생님의 경우에는 다른 방도가 없습니다. 두 분이 헤어져야겠군요. 이혼하셔야 합니다."

그러면 문제를 겪고 있는 사람은 이혼을 하고 다른 누군가와 다시 결혼을 합니다. 그리고 10년 뒤 이렇게 말합니다.

"저는 첫번째 결혼에 문제가 있었는데, 그 문제를 해결했어요. 이혼했거든요."

그 어떤 문제가 풀린다는 것은 착각이에요. 그것은 사적인 차원, 즉 개인의 차원에서나 대단히 큰 국제적 차원에서나 마찬가지예요. 제1차 세계대전이 끝날 무렵에 영국은 중동의 여러 문제들을 아주 특별하게 '해결했지만', 다른 문제들을 야기했어요. 오늘날 그 문제를 아주 똑똑히 볼 수 있잖아요. 그리고 우리 미국인들은—목에 이 말이 좀 걸립니다만—동남아시아, 특히 베트남에 문제가 있다고 생각했어요. 그래서 문제를 풀기 위한 어떤 수단이 있는지 찾아보았죠. 그 답은 우리에게 군대가 있다는 것이었어요. 그 다음에 우리는 군대를 해결 자료로, 즉 알고리듬(algorithm)[2]으로 활용했어요. 군대가 문제를 해결해야 했죠. 그러나 그것은 생각처럼 잘 작동하지 못했어요. 광의의 차원에서든 개인의 차원에서든 '문제' 라는 개념이 어떤 의미에서 우리를 매수한 거예요.

G: '문제' 라는 개념에서 당혹스러운 것은, 우리가 이 단어를 아주 상이한 문제들에 이용함으로써 서로 속하지 않는 사물들을 한데 모은다는 것입니다.

J: 수학처럼 첨부 기호들(예를 들어 H_2의 아래첨자인 2)을 가지고 있다면 더 나을 겁니다. 1등급 문제, 2등급 문제, 15등급 문제 등 더 잘 구별할 수 있을 거예요. 그러나 유감스럽게도 우리의 언어에서는 그렇게 할 수 없어요. 북아메리카의 이누이트 족은 눈에 대한 단어를 스무 개 또는 스물다섯 개나 가지고 있다고 해요. 그들은 서로 다른 종류의 눈을 대단히 잘 구별할 수 있기 때문이에요. 이 예에 비추어보면 우리가 '문제' 라는 단어를 잘못 사용하고 있다는 말이 됩니다. 즉, 몇몇 문제가 다른 문제들과 아주 다르다는 것을 우리 자신이 알지 못한다는 것을 뜻해요.

G: 결국 인간으로서 파악되는 우리 자신은 빈곤하다는 결론이 나오네요.

J: 그래요. 빈곤해지는 거예요. 그 말이 맞아요. 저는 그것

---

[2] 유한한 단계를 통해 문제를 해결하기 위한 절차나 방법으로 주로 컴퓨터 용어로 쓰임.

을 처음에 부패라고 불렀어요. 그러나 그것은 빈곤해지는 거예요. 그리고 곰곰이 생각해보지 않고 어떤 문제에서 벗어나기 위해 당장 아주 의식적으로 반응하는 것을 의미해요. 만약 아프다면 당장 방법을, 특히 전문가를 찾습니다. 그러나 약도 찾죠. 저는 약물 남용과 소위 마약 문제는, 아주 사소한 불편함만 있어도 가능한 한 빠른 문제 해결을 원하는 것과 관계가 있다고 생각해요.

물론 저는 오늘날의 마약 문제가 다시 컴퓨터와 관련되는 '문제' 라는 단어의 도입에 책임이 있다고 주장하는 사람처럼 오해받고 싶지는 않아요. 그게 아니에요. 제 말은 문제, 해결, 전문가, 방법, 두통, 아스피린 등 우리에게 깊이 각인되어 있는 이러한 태도 전체에 대한 것이에요. 오늘날 사람들은 10분 정도의 심하지 않은 두통도 거의 견디지 못해요. 그래서 당장 약병을 잡는 거예요.

이상상과 대세 추종주의

G: 이러한 태도는 당연히 한 인간이 어떻게 느껴야 하는지에 대한 이상상 (理想像)을 제가 갖고 있다는 것을 전제로 합니다. 제가 그 이상상과 다르다면 무언가를 해야 합니다.

J: 아주 조금 다를 때조차 그렇죠. 이것은 또다시 '대세 추종주의'의 도입을 의미하는 거예요. 그렇게 되면 한 인간이 세계를 어떻게 체험하는가, 그 인간은 어떻게 행동해야 하는가 등에 대한 이러한 상(像)이 전 사회의 특징을 결정하고, 모든 인간들은 똑같이 됩니다. 정치적인 의미에서는 아니지만, 좀더 근본적인 의미에서 그렇다고 말할 수 있어요. 이를테면 단순히 순응함으로써, 즉 약간 다르면 틀렸다고 생각함으로써 말이에요.

오늘날 미국에서의 상황은 이렇습니다. 평일에 보스턴 길거리를 달리다가 미소를 지으며 다가오는 어떤 사람을 만난다면, 저는 즉시 뭔가 이상하다고 생각할 거예요. 세계는 균질화되고 있어요. 오늘날 우리는 세계에서, 특히 서구에서 괴벨스(Joseph Göbbels)[1]조차 감히 꿈도 꾸지 못했던 획일화를 세세하게 경험할 수 있어요.

G: 인간과 기계의 비유가 생각납니다. 이 주제를 다룬 출판물들은 대개 놀랍게도 인간이란 무엇인지 제대로 규정하지 못하고 있습니다. 인간의 능력에 대한 몇몇 예를 끄집어내고는, 그것은 기계도 할 수 있는 일이므로 둘 사이에 유사성이 존재한다고 주장하니까요.

J: 기계의 용어로 인간을 규정하는 것이 어쩌면 더욱 나쁠 수 있어요. 사람들이 기계에 적용되는 개념들을 통해 인간을 규정하는 것 말이에요. 그렇게 되면 구별에 대해 이런 식으로 말하게 될지도 모릅니다.

"그러나 그것은 기계가 할 수 없어요. 이 분야에서 인간은 오늘날 우리가 갖고 있는 기계 또는 기계들과 다릅니다."

언젠가 즉 3년이나 5년 후, 아니면 10년 후에 기계가 그 일을 해낼 수 있을 때가 오게 될 거예요. 그렇게 되면 다시 기계가 할 수 없는 어떤 다른 것의 이름이 거론되겠죠. 그 결과 인간의 품위는 불가피하게 떨어질 수밖에 없을 거예요.

G: 기본체계가 바뀌기 때문일까요? 중심에는 더 이상 인간이 아니라 기계가 있고, 결국 인간 또한 기계 또는 기계의 능력과 비교됩니다.

J: 맞습니다. 그런데 우리가 이런 식의 비교를 시도한다는 것은 어리석은 일이에요. 인간이 기계와 다르다는 것은 너무도 명

---

[1] 나치스 정권하에서 보도 통제, 문화 통제, 조직적인 유대인 박해를 실행한 독일의 정치가.

백해요. 어떤 어린아이도 기계와 인간을 혼동하지 않을 거예요. 그럼에도 우리는 비교하고 싶은 충동을 느낍니다. 그런 충동이 우리 안에 매우 깊이 박혀 있어요. 특히 지난 40년 동안 그러했어요.

G: 그러나 인조인간, 즉 기계인간에 대한 꿈은 훨씬 오래되었습니다.

J: 인조 생명을 만들어내려는 노력은 사실 이미 오래되었어요. 수많은 전설과 신화가 있죠. 자신이 만든 조각상에 반해서 결국 아프로디테의 도움으로 그 조각상에 생명을 불어넣은 피그말리온[2], 유대 전설 속의 골렘[3], 프랑켄슈타인 이야기들은 인조인간에 대한 가장 유명한 전승들일 거예요. 그러나 최근에는 결정적으로 중요한 어떤 것이 변했어요. 인간의 이 오래된 꿈이 어떤 의미에서는 실현되고 있다고 말할 수 있어요. 그 꿈이 정말로 이미 실현되었다고 말하는 건 아니에요. 그렇게 보일 뿐이니까요.

인공지능은 오늘날 여전히—제가 '여전히'라는 말을 왜 쓰고 있는지 모르겠네요—거의 착각에 불과해요. 이는 인간이 지능을 어떻게 이해하는가에 달려 있어요. 인공 생명을 만들어내고 진화에 의도적으로 개입하려는 유전학적인 시도들은 아직 그렇게 멀리 가지 못했어요. 오늘날에도 여전히—여기에는 '여전히'라는 말이 맞

---

[2] 그리스 신화에 나오는 키프로스 왕.

[3] 유대 전설에서 골렘은 마법으로 생명을 얻은 인조인간이나 자동인형의 형태로 나타난다. 골렘은 원래 죽은 자의 시종으로 무덤 주위에 세운 나무 또는 점토 모형이었는데, 모양이 없는 골렘은 유대의 카발라 주술을 통해 형체를 얻는다.

는 것 같아요—이상적인 인간을 만들어낼 수 없어요. 하지만 꿈은 존재하고 인간들은 그 꿈에 매달려 일하고 있죠.

잘못된 이념이나 실현될 수 없는 꿈도 엄청난 힘을 가질 수 있다는 점을 말하지 않을 수 없네요. 인간을 배양하거나 인공적으로 만들어내려는 시도인 우생학이 분명히 그것을 하고 있어요. 우리는 지난 세기에 그러한 시도가 엄청난 결과를 가져올 수 있음을 뼈저리게 느꼈어요. 우리는 이런 역사를 이미 겪었어요. 그러나 안타깝게도 그 역사를 정말 겪은 건지 모르겠어요.

G: 이런 의문을 갖는 사람들은 많을 겁니다. '그게 내 삶과—아주 실제적으로—무슨 상관이 있어? 내가 대체 왜 그런 생각을 해야 하는데? 이런 연구는 나나 내 일상생활과 아주 거리가 멀어.'

J: 그 점에 대해 하나만 언급할게요. 제3제국 시대에 자기들에게는 아무 일도 일어나지 않을 거라고 자신만만했던 수많은 교수와 공무원들이 있었어요. 그들은 평생 공무원이었고, 따라서 나중에 연금을 충분히 받을 거라고 기대해도 되었어요. 그들은 전혀 어려움을 겪지 않았고 노령연금을 걱정할 필요도 없었죠. 그래서 나는 정치에 관심이 없고, 정치는 나와 전혀 상관없다는 식의 태도를 갖게 된 거예요. 그런데—여기에서는 특히 대학에 몸담은 유대인 공무원이나 교수를 말해요—결코 문제 삼은 적 없는 이 확실한 보장책이 갑자기 사라졌어요. 그냥 사라져버린 거예요.

삶은 그렇게 확실하지 않아요. 그리고 우리가 말하고 있는 이런 사안들—인공 생명을 만들어내려는 시도들—은 모든 인간과

관계가 있어요. 그런 사안들은 엄청난 영향을 미칠 수 있죠. 우리는
그것을 지난 5,60년간 봐왔어요. 히틀러와 그의 패거리들이 가졌던
악몽 때문에 삶이 얼마나 바뀌었나요?

엘리자

G: 방금 조각상에 반한 피그말리온을 언급하셨는데요. 감 잡으셨겠지만 그것 때문에 핵심이 되는 단어가 하나 떠올랐습니다. 바로 '엘리자' 입니다. 교수님은 이것 때문에 유명해지셨습니다.

J: 맞습니다. 1963년 MIT가 저를 객원교수로 초대했어요. 처음에는 1년 예정이었죠. 그랬는데 아시다시피 1년이 수십 년이 되었어요. 같은 해인 1963년에 그곳 연구소에서 '시분할(時分割) 방식(time-sharing)'[1]을 개발했어요. 그 덕분에 컴퓨터를 여러 사람이 동시에 사용할 수 있게 되었죠. 오늘날은 이것이 당연하지만, 당시에는 전혀 새로운 일이었어요. 그 당시 흔히 그랬던 것처럼 천공카드를 통해 간접적으로 컴퓨터를 조작하는 대신, 그때부터는 자판을 이용하여 컴퓨터와 직접 접촉했어요. 그러기 위해서는 질문에 대답하는 프로그램이 필요했죠. 그 프로그램에 제가 기여한 것이 '엘리

---

[1] 하나의 컴퓨터를 멀리 떨어져 있는 많은 사용자가 동시에 이용하는 것.

자(Eliza)'였어요. 사람들이 자연어—이 경우에는 물론 영어를 말해요—로 대화할 수 있는 프로그램이었죠.

G: 그런 대화를 어떻게 생각해야 합니까?

J: 그 프로그램에서는 대화 참여자가 둘이었어요. 인간과 컴퓨터였죠. 인간이 대화내용을 컴퓨터 자판에 쳤어요. 당시에는 자판을 컴퓨터에 연결된 타자기라고 불렀죠. 그리고 나면 컴퓨터가 제 프로그램을 이용해 인간의 진술내용을 분석하고 답변을 내놓았어요.

G: 그것을 왜 '엘리자'라고 부르셨나요?

J: 그 연원은 영화 〈마이 페어 레이디My Fair Lady〉나 버나드 쇼(George Bernhard Shaw)의 뮤지컬 〈피그말리온Pygmalion〉에 나오는 엘리자로 거슬러 올라가요. 저의 언어분석 프로그램이 그 언어적 표현방법에서 점점 더 좋아지고, 그러니까 더 세분화되고 더 정확해지고 더 정교해질 거라는 생각 때문이었어요. 뮤지컬에 나오는 꽃을 파는 여자가 그녀의 스승인 히긴스 교수의 지도하에서 그런 것처럼 말이에요.

G: 이런 학습과정을 좀더 자세히 묘사해주시겠어요?

J: 아주 간단하게 설명해보죠. 결국 모든 대화에서 그런 것

처럼 맥락이 중요한데, 공통의 맥락이 없으면 일련의 학습과정은 전혀 작동하지 않아요. 저의 '엘리자' 프로그램은 두 개의 띠 배치로 설계되었어요. 첫번째 띠는 언어 분석기였고, 두번째 띠는 일종의 각본 또는 대본이었죠. 이때 저는 규정들을 염두에 두었어요. 배우들이 감독으로부터 주제에 관한 즉흥연기를 위해 받는 규정이었던 셈이에요.

그래요. '엘리자'와 그 작동 방식에 대한 일목요연한 모습은 실제로 어느 배우가 연기하는 모습이라고 생각해요. 연출자의 특정한 규정에 따라 즉흥연기를 하는 배우 말이에요. 그러니까 특정한 체계 내에서 또는—극장 세계의 상황에 비유한다면—특정한 역할 내에서 행동하는 배우를 말해요.

그러니까 연출자의 여러 지시사항들을—저는 이것을 대본이라고 불렀어요— '엘리자'를 위해 입력했죠. 이러한 대본의 토대가 되는 기본 상황의 틀에서 '엘리자'는 담소를 나눌 수 있었어요. 저는 '엘리자'를 위해 처음에는 심리치료의 대화상황을 선택했어요. '엘리자'가 치료사의 역할을 맡는 상황이었죠.

G: 비교적 까다로운 주제를 택하기로 결정하신 이유는 무엇입니까?

J: 그렇게 까다로운 것은 아니었어요. 예를 들어 로저스(Carl Rogers)[2]가 개발한 대화치료기법의 구조를 살펴보면, 일종의 메아리

---

[2] 심리치료에 대한 비지시적 혹은 내담자 중심적 접근법을 창시한 미국의 심리학자.

가 작용하고 있다는 점이 눈에 띕니다. 이를테면 환자가 자신에 대해 무언가를 이야기하면, 치료사가 그것을 직접 이어지는 질문의 형태는 아니지만 그 다음에 나오는 질문 중 하나의 형태로 끄집어내어 자기의 말인 것처럼 대화에 끌고 들어가는 거예요.

이런 수법이 '엘리자' 의 출발점에 있었어요. 엘리자의 대화 상대는 자기가 얻은 신호들을 자기의 상황, 자기의 관심과 욕구를 배경으로 하여 해석했어요. 인간과 인간의 대화에서도 벌어지는 것처럼 말이에요.

바에 앉아 바텐더에게 자기의 인생사를 늘어놓기 시작하는 남자가 있다고 합시다. 아마 위로할 길 없는 이야기들일 거예요. 바텐더는 공감을 표하며 고개를 끄덕이고 이해심에 가득 차서 잠깐씩 장단을 맞춥니다. 그래서 그 문제를 잘 알고 있는 것처럼 보여요. 대화가 진행되면서 바의 손님인 남자는 이렇게 많은 걸 알고 이해하는 이 바텐더는 대체 어떤 사람일까 하고 궁금해하게 되죠. 그러나 그것은 그 손님이 자신의 생각을 투사(投射)한 거예요. 바텐더의 이해와 반응은 맞을 수도 틀릴 수도 있어요. 어떤 사람이 관심을 많이 필요로 하면 할수록 그 사람은 이러한 능력을 자신의 상대에게 투사할 준비가 더 많이 되어 있는 거예요.

이제 심리치료 모임의 예로 돌아가겠습니다. 잠시 후 환자는 치료사가 깊은 통찰을 지니고 있거나 자신과 입장을 바꾸어 생각할 수 있는 능력이 있다는 인상을 받을 거예요.

저는 '엘리자' 와의 연속 담화에 대한 예를 1965년에 쓴 논문 〈엘리자—인간과 기계 사이의 자연어 소통 연구를 위한 컴퓨터 프로그램ELIZA—A Computer Programm for the Study of Natural Language

Communication Between Man and Machine〉에서 다음과 같이 제시했어요.

> 환자: 저는 불행하다고 느껴요.
>
> 엘리자: 이 대화가 당신을 더 이상 불행하지 않게 도울 수 있다고 생각하나요?
>
> 환자: 모르겠어요. 하지만 저는 도움이 필요해요. 그건 분명해요.
>
> 엘리자: 당신에게 도움이란 무슨 의미인가요?
>
> 환자: 예를 들면 엄마와 더 잘 지내는 법을 배우는 거예요.
>
> 엘리자: 제게 당신의 가족에 대해 이야기해주세요.
>
> 환자: 엄마가 저를 지배하고 있어요.
>
> 엘리자: 어머니뿐인가요? 혹 다른 가족은 없나요?
>
> 환자: 아버지요.
>
> 엘리자: 당신 아버지요?
>
> 환자: 당신은 우리 아버지를 생각나게 해요. 당신은 우리 아버지를 닮았어요.
>
> 엘리자: 어디가 닮았나요?
>
> 환자: 당신은 공격적이지 않아요.
>
> 엘리자: 그걸 어떻게 아나요?
>
> 환자: 당신은 나와 안 싸우잖아요.

컴퓨터가 심리치료사 역할을 하는 '엘리자' 프로그램의 이러한 변형 형태는 '닥터'라는 이름으로 유명해졌어요. 그것도 MIT의

울타리를 훨씬 넘어서서 말이에요.

G: 그 프로그램이 그렇게 당혹스럽고 생생했던 이유는 무엇일까요?

J: 그 프로그램의 도움으로 대단히 많은 부분이 명료해졌거든요. 저는 그 당시 다른 프로그램이 광범위한 대중에게 정보처리 작동방법을 효과적으로 보여줄 수 없었다고 생각해요. 특히 수학이나 정보학을 제대로 이해하지 못하는 대중에게는 더욱 그러했어요. 그러나 '엘리자' 프로그램은 그 어떤 예비지식도 필요하지 않았어요. 하물며 무슨 전문지식이 필요했겠어요. 뿐만 아니라 이를테면 '엘리자' 와 함께 놀 수도 있었어요.

G: 그것은 동시에 상호작용에 대한 초기 예였습니다. 그리고 웃겼어요! 대담 중에 재치 있고 기발한 프로그램을 작성한 소수의 컴퓨터 공학자 중 한 분이 교수님이었다고 언급하셨는데요. 그것은 '엘리자' 를 말씀하신 건가요?

J: 네, 그래요. 제가 그것을 특히 패러디로 이해했으니까요. 바로 '닥터' 의 변형 형태죠. 저는 누구나 그것을 그렇게 이해해야 한다고 생각했지만, 그 때문에 엄청난 실수를 저질렀어요. '엘리자' 의 수용과 관련하여 저는 상당히 잘못 생각했어요.

G: 그 프로그램이 그렇게 유명하게 될 거라고 예상하지 못하셨나요?

J: 그 말이 맞아요. 당시에는 '엘리자' 가 본격적으로 불티나

던 때였어요. 미국 어느 대학에나 복사본이 등장했고, '엘리자'가 정말로 세인의 입에 오르내렸어요. 그러나 정작 저를 놀라게 한 것은 아주 특별한 반응들이었어요.

그 첫번째 반응을 저는 아주 가까운 데서 경험했어요. 저는 인간이 대화상대인 기계와 짧은 시간 내에 얼마나 긴밀한 관계를 맺는지 관찰했어요. 그것은 인간이 기계와 마치 한 인간과 말하는 것처럼 이야기를 나누고, 그 기계에게 인간적인 속성이 있다고 생각하는 식으로 표현되었어요.

제 여비서에게서 가장 극단적인 반응을 볼 수 있었어요. 한번은 제가 비서실에 들어서는데 그녀가 '엘리자'와 한창 대화중이었죠. 저로서는 그녀의 반응이 도무지 이해가 가지 않았어요. 그녀는 닥터와의 대화를 방해받은 게 확실히 불쾌한 모양이었어요. 잠시 뒤 그녀는 제게 잠깐 혼자 있게 해달라고 요청했어요. 제가 둘만의 시간을 방해한 것 같았어요. 저는 그것을 부조리하다고 여겼죠. 여비서야말로 이 프로그램의 탄생을 가장 측근에서 함께 체험했으니까요. 어쩌면 저 자신을 제외하고, '엘리자'가 단지 컴퓨터 프로그램에 불과하다는 것을 그녀보다 더 잘 아는 사람은 거의 없었어요. 그녀의 태도는 놀라운 일이었어요.

G: 그렇다면 사람들은 '엘리자-닥터' 프로그램과 접촉하면서 자신에 관한 대단히 내밀한 일들을 내어줄 준비가 되어 있었던 겁니다.

J: 그렇습니다. 그것도 단시간 내에 말이에요. 그러나 단지 거기서 그치지 않았어요. 저는 특정일의 모든 대화 내용을 불러올

수 있는 시스템을 설치하자고 제안한 적이 있어요. 그 프로그램이 얼마나 섬세하게 일을 했는지, 저의 대본이 제대로 작동했는지, 그 강점과 약점은 어디에 있는지, 또 그 한계가 어디에 있는지 등등을 알고자 했을 뿐이에요. 그러나 실제로 그렇게까지 하지는 못했어요. 제 계획을 거의 알리지 않았으니까요. 그때 저항의 물결이 연구소에 밀어닥치기 시작했어요. 그런 일은 결코 실행해서는 안 된다, 그것은 대화 참여자들의 친밀한 영역을 해칠 것이다 등등 저항이 심했죠.

저는 정말 놀랐어요. 컴퓨터에 자기 삶의 비밀을 털어놓는다는 것을 상상할 수가 없었어요. 그걸 어떻게 생각해야 할까요?

G: 그러나 '닥터'를 받아들인 사람들은 심리치료의 문외한만이 아니라 전문가들도 있었습니다.

J: 물론입니다. 그것이 저를 당혹스럽게 만들었어요. 그러니까 저의 '닥터' 프로그램을 심리치료 작업에 사용할 것을 진지하게 고려한 사람들은 소수의 정신과 전문의만이 아니었어요. 특히 콜비 (Kenneth Mark Colby) 박사가 앞장섰죠. 그는 당시 비중 있는 의학 저널에 이 프로그램이 아직 개선 및 정제의 여지가 있긴 하지만 실제 심리치료를 전반적으로 바꿀 수 있는 희망의 단초도 있다고 썼어요. 이 프로그램을 이용하면, 치료사 인원이 너무 적은 개인병원들에도 결국 도움이 될 거라고 했어요. 그러니까 이 프로그램을 이용하면 수백 명의 환자들을 동시에 돌볼 수 있다는 말이에요.

G: 그렇게 되면 치료사들에게는 무슨 일이 벌어질까요? 콜비 박사는 치료사들을 불필요하게 만들 작정이었을까요?

J: 그렇지 않아요. 콜비 박사에 따르면, 치료사들은 결국 훨씬 더 중요한 과제에 몰두할 수 있을 거라고 했어요. 치료사들이 1차 상담의 부담을 더는 지지 않을 테니까요. 하지만 그때 저는 1차 상담이 특별히 더 중요하다고 여겼어요. 저는 정말 당황스러웠고, 부지중에 이런 물음이 떠올랐죠.

'자기 일의 본질적인 부분을 기계에 넘겨준다는 생각을 하려면 정신과 전문의가 어떤 자기이해를 가져야 할까?' '그런 생각을 하는 정신과 전문의는 자기의 일과 어떤 관계를 맺을까?' '정신과 전문의가 비교적 간단한 프로그램으로 대체될 수 있다면, 그는 자기 자신이 하는 것, 즉 상담치료에서 자신의 기여를 어떻게 평가하는 걸까?'

G: 그런 정신과 전문의는 자신을 어쨌든 참여자로 보지 않고, 사람 간의 직접적인 접촉이 지닌 의미를 경시한 것입니다.

J: 제가 깜짝 놀란 것이 바로 그 점 때문이에요. 제 생각은 치료사, 그러니까 도와주는 사람이 개인으로서 대화와 전체 치료 과정에 직접 함께 해야 하고, 그것도 처음부터 그래야 한다는 거예요. 제가 볼 때 만남, 즉 진짜 인간적인 만남이 이루어져야 해요. 치유 과정이 전반적으로 작동될 수 있도록 말이에요. 콜비 박사의 반응은 개별 반응이 아니었어요. 콜비 박사의 편에 선 동료들도 적지 않

았죠. 콜비 박사의 반응은 제게 상당수 정신과 전문의가 자신을 정보 평가자이자 정보 처리자로서 이해한다는 것을 보여주었어요. 지금 생각해봐도 그 사실이 충격적이라고 말하지 않을 수 없네요.

G: 한동안 '엘리자'에 대해 말하는 것조차 거부하셨습니다. 그러나 입을 다무는 것만으로는 '엘리자'를 그런 위험에서 구해내지 못했죠. '엘리자'가 지금도 교수님에게 짐이 되고 있나요?

J: 그렇습니다. 한동안 저는 그것을 피하려고 애썼어요. 제 상황을 프랑스의 작곡가 라벨(Maurice Ravel)의 상황과 비교한 적이 있죠. 제 자신을 위대한 예술가로 여겼다는 말이 아니에요. 라벨과 제게 비슷한 상황이 닥쳤기 때문이에요. 라벨의 경우, 작곡가와 곡이 거의 완전히 일치된 것이 〈볼레로〉였어요. 하지만 그 점이 라벨의 마음에 들지 않았어요. 라벨은 결국 다른 경이로운 음악을 대단히 많이 작곡했죠. 저의 경우, 그것이 '엘리자'였어요.

G: 그렇다면 여전히 '엘리자'와 대결하고 계시는 모양이네요.

J: 오늘날 네트워크에는 '엘리자'의 변형 형태가 많습니다. 전부 대충 비슷한 일을 행하죠. 목적만 다를 뿐이에요. 프로그램이 더 이상 정신과 전문의의 역할이 아니라 사제의 역할을 하는 변형 형태마저 있어요. 컴퓨터로 고백을 받는 겁니다. 저는 가톨릭 신자가 아님에도 이런 생각에 경악을 금치 못하겠어요. 기계가 죄를 용서하고 보속을 준다고 정말 믿는다면, 신앙과 사제서품이 대체 어

떤 의미가 있는지 정말 궁금합니다.

G : 보스턴에서는 매년 레브너(Hugh Loebner) 상 콘테스트의 개최가 공고됩니다. 이 대회에서는 인간과 가장 비슷한 채팅로봇(Chatbot)에게 상이 주어집니다. 심사위원회는 여섯 개의 채팅 프로그램과 네 명의 인간 참여자들을 접촉시킵니다. 물론 그 각각의 이름 뒤에 누가 숨어 있는지 심사위원회는 모르죠. 그러고 나서 심사위원회는 가장 인간에 가까운 반응을 보인 컴퓨터를 결정합니다. 그러니까 '엘리자'의 후계자를 말입니다.

J : 현대 프로그램과 '엘리자'의 중요한 차이는 컴퓨터의 발전 내에서 종종 그런 것처럼 양의 영역에서 생겼어요. 제가 '엘리자'를 개발했던 1960년대 중반에는 컴퓨터가 아직 그렇게 빠르지 않았어요. '엘리자'는 비교적 작은 프로그램이었죠. 오늘날의 프로그램은 훨씬 방대한 자료들을 처리할 수 있어요. 저장용량이 몇 배나 커졌으니까요. 레브너 상 수상자 중 한 사람은 아주 자랑스러워하며, '엘리자'는 견본과 대답을 겨우 약 200개만 선택한 반면 자기의 프로그램은 10만 개를 다룰 수 있다고 말했어요.

그렇다고 해도 현대의 방대한 프로그램 역시 똑같은 원리에 따라 제한된 맥락 안에서만 작동한다는 사실에는 변함이 없어요. 엄지발가락이 보잉 747보다 크냐는 레브너 상 콘테스트 심사위원들이 낸 문제는 아직도 풀지 못하는 참가자들이 많답니다.

G : 오락적인 게임 형태를 훨씬 넘어서는 시뮬레이션에 이처럼 매료되는 것을 어떻게 이해하십니까? 인간을 도외시하며 인공적인 어떤 것을 만들어내려 한다고

J: 사물 자체보다 추상적인 것이 오늘날 전반적으로 용인되고 있어요. 추상적인 것의 용인에는 인간의 지각, 그러니까 인간의 자각이 함께 포함되어 있어요. 사물 자체가 이러한 추상화의 운명으로부터 지켜져야 하는 이유는 무엇일까요?

이제 인간을 그 어떤 언어로, 예를 들면 측정이 중요한 역할을 하는 과학적 언어로 묘사한다면 어떻게 될까요. 아마도 인간에 대한 매우 세분화되고 정밀한 묘사를 인간 자신으로 여기게 될 거예요. 우리는 다른 모든 사물을 그렇게 다룹니다. 그렇다면 인간에 대해서는 왜 그렇지 않을까요? MIT의 동료인 민스키(Marvin Minsky)[3] 교수가 "뇌는 단지 살로 된 기계일 뿐이다(The brain is merely a meat machine)"라고 말했다고 해서, 그 말 때문에 마음이 불편한 사람은 거의 없을 거예요. 제가 여기서 강조하고 싶은 것은 단어 'meat'를 무조건 '살'로 해석할 필요는 없다는 겁니다. 영어에는 독일어의 '살(Fleisch)'에 대응하는 단어가 두 개 있어요. 'flesh'는 살아 있는 살이자 살아 있는 몸인 반면, 'meat'는 죽은 살을 의미해요. 사람들은 그 죽은 살로 무엇이든 만들 수 있어요. 버릴 수도 먹을 수도 불에 익히거나 굽거나 끓일 수도 있어요. 영어의 "뇌는 단

---

[3] 인공지능(AI) 분야를 개척한 미국의 과학자이자 MIT 인공지능연구소의 공동 설립자이다. 《마음의 사회*Society of Mind*》를 비롯해 많은 인공지능 관련 서적을 집필했다. 미국국립공학학술원과 국립과학학술원의 회원이며, 1970년에는 튜링상, 2001년에는 벤자민 플랭클린 메달을 수상했다.

지 살로 된 기계일 뿐이다"라는 진술은 독일어의 "뇌는 단지 살로 된 기계일 뿐이다(Das Gehirn ist bloß eine Maschine aus Fleisch)"라는 진술과는 아주 달라요. 영어의 이 진술은 인간 생명에 대한 어떤 경멸을 내포하고 있어요.

G: 다른 진술은 다만 묘사를 하는 것일 수 있는 반면 그 진술은 가치를 평가하고 있네요.

J: 정확히 보셨어요. 그런데 중요한 것은 수식어 '단지(merely)' 예요. 이제 '살' 이라는 단어를 생략하고 뇌가 '단지' 기계일 뿐이라고 주장한다면, 이러한 추상화를 통해 그 어떤 저항도 없이 얼마나 멀리 나아갈 수 있는지 분명히 알 수 있어요. 심지어 다음과 같이 묻는 사람마저 상상이 됩니다.

"뇌가 단지 기계일 뿐이라고 말한다고 해서 왜 그 말에 반대해야 하지? 그 말에서 틀린 게 뭔데?"

어떤 의미에서는 그 사람의 말이 맞는다고 할 수 있어요. 분명 뇌를 기계로 묘사할 수 있으니까요. 어느 정도까지는 정확한 묘사라고 할 수 있죠. 그러나 뇌에 대한 이러한 묘사가 단지 아주 특정한 목적에만 적용되고 그 외 다른 것에는 적용되지 않는다는 점을 인식하지 못한다면, 실제로 가상의 세계에 살고 있는 게 됩니다. '가상(virtual)' 이라는 단어에 대해서는 다음에 말할게요. 그 점에 대해 말할 게 있어요. 어쨌든 우리는 아주 특정한 목적들에 의해 규정되는 세계에 살고 있어요. 빛이 비추어진 세계에 살고 있다고도 말할 수 있어요. 거기에는 물론 상당히 많은 게 부족해요. 아주 많은 게 어둠 속에 남아 있답니다.

G: 그러한 목적들은 그냥 있는 게 아니고 누군가에 의해 규정되어야만 하기 때문에 위험해질 수 있습니다.

J: 무조건 의도적으로 그러는 것은 아니에요. 인간들은 어쩌면 자신들이 그렇게 한다는 사실을 의식하지 못한 채 그러한 목적들을 규정할지도 몰라요. 미처 모르고 대단히 나쁜 짓을 저지르는 무척 선한 인간들도 분명히 있어요.

인공지능의 신화

G: 제가 관련 책들에서 기계들의 인공지능에 대한 예들을 고찰할 때면 종종 지능의 개념이 점점 가치가 떨어지고 황폐해진다는 인상을 받곤 합니다. 인공지능과 관련하여 선보인 성과 중 상당수는 지능과 전혀 무관합니다.

J: 기계가 지능과 무관하다고 말하면 너무 지나치겠죠. 하지만 어쨌든 그런 책들에서 묘사되는 것은 지능이 아니에요. 그것은 지능의 온전한 모습이 아니죠. 물론 우리는 지능의 온전한 모습을 결코 알지 못할 수도 있어요. 하지만 어쨌든 우리에게 제시되고 있는 것은 그중 한 부분일 뿐이며 결코 온전한 모습이 아니라는 것만큼은 분명해요. 생략되고 추상화되고 정제되었으니까요.

지능검사 발명자가 말한 진술이 기억나네요. 비네(Alfred Binet)[1]라는 프랑스 심리학자예요. 비네의 발명품은 제1차 세계대전

---

[1] 영국의 경험철학과 연상심리학을 읽고 흥미를 느껴 심리학 연구에 몰두한 비네는 의사 시몽과 협력하여 정신박약아를 구별해내기 위한 심리검사법을 발표했다. 이것이 유명한 '비네-시몽 검사법'이다.

이전에 나왔어요. 그는 종종 지능이 무엇인지 규정하라는 질문 또는 요구를 받곤 했죠. 그래서 답변을 마련했고, 이 답변을 고수했어요.

"지능은 지능검사가 측정하는 것이다."

이 말을 오만하다거나 우스꽝스럽다거나 농담이라고 말할 수도 있을 거예요. 그런데 그렇지 않아요. 이 대답에는 대단히 진지한 어떤 것이 들어 있어요. 저는 비네가 비록 의식적이거나 의도적이진 않았더라도 진실을 말했다고 생각해요.

우리에게 잘 알려진 지능검사는, 서구세계의 영향력 있는 대표자들이 중요한 (사고) 능력으로 여기는 지적 능력을 측정하는 겁니다. 다른 사회에서는 이것이 아주 다르게 보일 거예요. 다시 말해 다른 사회에서라면 전혀 다른 능력들이 중요할 테고, 바로 그것들을 측정하겠죠. 지능은 어떤 객관적인 크기가 아니며, 특정한 기본 체계와 무관하게 측정 가능한 현상도 아니에요. 특정한 맥락이 없으면, 즉 분명한 준거틀이 없으면 지능은 무의미해요.

지능검사와 같은 도구를 우리가 마음대로 다룬다면 '지능' 개념은 조만간 이 검사방법의 영향을 상당히 받게 될 거예요. 그러면 '지능'을 실제로 지능검사와 다르지 않게 규정하게 되겠죠. '지능'을 다른 식으로는 더 이상 생각할 수 없을 테니까요.

이것은 언어의 사용이 체험된 현실을 어떻게 바꾸거나 특수하게 조명하는가에 대한 간명한 예일 뿐이에요. 언어가 달라지면 조명하는 것도 달라지기 마련이죠. 그러면 실제 현실이 다르게 보일 거예요. 그리고 예전에 빛이 있었던 곳에 그림자가 나타날 거예요. 어쩌면 예전에 그림자가 있었던 곳에 빛이 나타날지도 몰라요.

모든 것을 점점 더 밝게 조명하고 그 과정에서 점점 더 많은 그림자를 만들어내는 방법을 사용한다면 빈곤해질 수 있어요. 우리는 이제 일정한 것을 예전보다 훨씬 잘 인식하지만, 실제 현실의 다른 면을 다시는 전반적으로 보지 못하는 대가를 지불했어요. 그것은 값비싼 대가예요. 저는 이것을 적절한 유추라고 생각해요.

이러한 방법이 눈치 채지 못하게 시행된다면, 그러니까 아무도 그것을 눈치 채지 못한다면, 그리고 이에 대한 진술이 기술 적대적이라거나 과학 적대적이라고 비난받기 때문에 언급하는 것 자체가 금기시된다면, 실제로 우리 세계의 상당 부분이 간단히 사라질 위험이 있어요. 저는 우리 세계가 정말로 사라질 거라고 생각해요. 그것은 우리가 이런 부분들에 대해 더 이상 말하면 안 된다는 것으로 시작되고, 결국 우리가 그것에 관해 더 이상 말할 수 없는 데로 이어질 거예요. 비트겐슈타인(Ludwig Wittgenstein)이 말한 것처럼, "내 언어의 경계가 내 세계의 경계를 의미"하기 때문이죠.

G: 모든 것이 이런 질문에서 정점에 이른다고 보는데요. 즉, 무엇이 인간을 인간으로 만들까요?

J: 이 질문에 완벽하게 대답할 수 있다고는 생각지 않아요. 정말로 중요한 모든 질문의 경우와 마찬가지예요. 그렇다고 답변하려는 시도 자체를 하면 안 된다는 것을 의미하지는 않아요.

인간의 본성에는 제가 정말로 말하고 싶은 무언가가 있어요. 그것은 주어져 있어요. 우리는 그것을 없는 것으로 생각하거나 쳐낼 수 없어요. 바로 각각의 인간이 다른 인간에게 의존하고 있다는 점이에요. 정치적인 의미에서의 공동체만을 말하는 게 아니에요. 그보다는 의미가 훨씬 더 깊어요. 그것은 우리 인간들이 혼자서 살아갈 수 없다는 사실이에요.

수년 전 남아메리카 어딘가에서 있었던 끔찍한 '실험'은 그 점을 아주 분명히 보여주었어요. 어린아이들과 고아들을 위한 어느 병원이 있었는데, 그곳에는 직원이 많지 않아서 아이들과 놀아줄 수가 없었어요. 아이들은 사육되다시피 길러졌죠. 말하자면 병원이 규정에 맞춰 음식만을 제공한 거예요. 그러나 그게 다였어요. 그리고 이런 상황에서 아이들이 죽었어요.

아이는 손으로 잡고 끌어안고 온기와 사랑을 주어야 해요. 삶에서 없어서는 안 되는 핵심적인 부분들이에요. 그렇지 않으면 아이는 죽어요. 인간은 사회적 동물이잖아요. 그리고 공동체는 상호 후원과 공동체 자체의 후원이 존재할 때 의미가 있는 거예요. 동물을 한번 자세히 관찰할 필요가 있어요. 모든 동물은 아니지만 상당히 많은 동물들에게서 공동체가 꼭 필요하다는 것을 알 수 있을 거예요. 사회적 동물을 따로 분류하기도 하지만, 어쩌면 대부분의 동물이 그럴 거예요.

G: 게다가 인간의 경우에는 언어로 생각을 교환하는 욕구, 그러니까 다른 사람들과 이야기하려는 욕구가 있습니다.

J: 사람은 다른 인간들에 의해서만 인간으로 확인될 수 있어요. 이런 생각이 발전하다보면 하나의 악몽에 이르게도 되죠. 즉, 기계를 만들겠다는, 즉 인간이 되는 로봇을 만들겠다는 인공지능의

광기 어린 꿈에 이르게 되는 거예요.

G: 스필버그(Steven Spielberg)의 영화 〈에이 아이A.I.: Artificial Intelligence〉에 나오는 상황이 도래할 거라고 생각하십니까?

J: 아니에요. 제가 지금 생각하는 건 영화나 SF소설이 아니에요. 저는 과학적인 연구를 생각해요. 특히 모라벡(Hans Moravec)의 책 《마음의 아이들*Mind Children*》과 《로봇*Robot*》을 생각하고 있어요.

《마음의 아이들》은 제목이 말해주듯이 '우리 육체의 아이들' 대신 '우리 정신의 아이들'을 다루고 있어요. 모라벡은 미국의 유명한 대학에서 학생들을 가르치고 있죠. 그는 카네기멜론대학의 이동로봇 실험실 소장이에요. 이 대학은 MIT, 스탠퍼드대학과 더불어 인공지능 분야를 이끄는 미국의 주요 대학 중 하나예요.

하버드대학에서 발행된 《마음의 아이들》은 SF소설이나 통속 스릴러가 아니에요. 어쨌든 이 책은 그렇게 보이지는 않아요. 모라벡은 이 책에서 인간을 완벽하게 기계 속에 옮겨놓을 수 있다고 말하고 있어요. 인간 실존의 본질적인 부분을 파악해서 컴퓨터에 '입력'해 넣을 수 있다는 거예요. 다시 말해 처리해 넣을 수 있는 정보라는 거죠. 제가 이런 식으로 컴퓨터에 입력된다면—이것을 영어로는 '다운로딩(downloading)'이라고 해요—이 컴퓨터(혹은 이 로봇)가 바로 제가 되는 거예요. 단지 시뮬레이션이나 복제가 아니라 저와 일치하게 되는 거죠.

미국의 SF 시리즈 〈스타 트렉Star Treck〉을 기억해보세요. 인간들이 우주연합함선을 타고 우주를 날아다니며 낯선 혹성들을 방문하는 이야기예요. 그들은 한 장소에서 다른 장소로 '쏴져요.' 즉, 어떤 기구에 의해 아주 작은 부분으로 분해된 다음 그들이 '여행' 하고자 하는 장소로 보내지는 거예요. 기계를 조작하는 승무원들에 내려진 지침은 이러했죠.

"스코티, 이동광선을 쏴줘."

모라벡은 이러한 것이 가능하다고, 그것도 가까운 미래에 가능하다고 여기고 있어요. 그는 더 나아가 몇십 년 안에 인간의 지능을 가진 로봇이 나올 거라고 주장해요. 그렇게 되면 이 컴퓨터들은 머지않아 인간이 없으면 더 잘 생존할 수 있다고 결정을 내릴 거예요. 그러니까 컴퓨터들이 인간들에게서 벗어나려고 할 거예요. 모라벡에 따르면, 인류의 종말은 전혀 먼 미래의 일이 아니라고 해요. 그렇게 되면 소위 포스트 생물기(post biological age), 즉 DNA가 더 이상 중요한 역할을 하지 않는 생물 이후의 시대가 시작될 거예요. 그럼에도 모라벡은 이러한 발전을 통해 잃는 것은 많지 않을 거라고 확신하고 있어요.

G: 이중적 의미로 이해할 수 있겠군요.

J: 그래요. 이중적 의미의 예측이에요. 한편으로는 인간의 문화가 그다지 가치가 없다는 것, 그러니까 그다지 해가 되지 않는다고 말하고 있지만, 모라벡의 의도는 그게 아니에요. 모라벡은 컴퓨터가 이러한 것들을 보존하고 계속 전해줄 수 있다고 확신하고 있어요. 그래서 잃는 게 그다지 많지 않다고 주장하는 거죠.

G: 그렇다면 인간의 몸은 대체 어떤 역할을 할까요?

J: 모라벡은 "몸은 젤리일 뿐이다(The body is only jelly)"라고 말하곤 해요. 몸은 전체를 결합시키는 젤리에 불과한 거라는 말이에요. 게다가 그는 인간이 잘못된 방향으로 발전해왔다고 믿고 있어요. 이 점에 대해 그는 추호의 의심도 없어요. 저의 MIT 동료 민스키 교수 역시 그의 견해에 동조하고 있죠.

민스키 교수는 사랑하는 신이 결코 능력 있는 엔지니어는 아니었다고 공공연히 말하고 있어요. 모라벡이나 다른 동료들과 마찬가지로, 그는 오늘날 인간에 대한 훨씬 나은 설명들을 안다고 주장해요. 따라서 자연이 행하는 일을 아직 많이 개선할 수 있다고 말하곤 하죠. 이는 특히 불멸의 인간을 만들 수 있다는 것을 뜻해요.

우리는 디지털 장치를 매우 정확하게 복사할 수 있어요. 아주 똑같이 말이에요. 그러나 인간은 비트(bit)^{2}의 유한한 고리를 통해서는 어떤 본질적인 것이 결여되지 않고 온전히 표현될 수 없어요. 사람들이 잊고 있는 것은, 인간이기 위해서는 한 인간이 다른 인간에게 인간으로 취급받아야 한다는 점이에요. 인간의 본질적인 부분은 인간이 다른 인간과 맺는 연결과 관련이 있어요. 피할 수 없이 자기 주변에 편입되죠. 제가 말하려는 것은, 우리 인간은 기계장치가 아무리 인간과 비슷해 보인다 하더라도 그것을 인간처럼, 아주 어린아이처럼 다룰 수는 없다는 거예요.

---

[2] binary digit의 약칭이며, 수학이나 컴퓨터 분야에서 이진법의 최소 단위를 말한다.

　　물론 외양뿐만 아니라 내면도 인간과 똑같아 보이는 로봇을
만들 수는 있겠죠. 그러나 인공지능에서는 인간의 살로 된 기계인간
에 대해 말하지 않아요. 오히려 인간이 이 모든 것을 갖춘 로봇에 대
해 말하고 있는 거예요.

불멸성 기획

G: 죽어야 할 운명에 대해 아는 것 또한 인간의 실존에 속하지 않을까요?

J: 그것이 인공지능 연구의 주역들이 보지 못한 점이에요. 그들은 인간의 죽음이 삶에 있어서 얼마나 중요한 역할을 하는지 간과하고 있어요. 죽을 수밖에 없기 때문에, 문화와 문명을 다음 세대에 넘겨주는 일이 중요해지는 거예요. 하지만 그것들을 콤팩트디스크(CD)로 넘겨줄 수는 없어요. 우리는 다음 세대가 원하든 원치 않든 문명과 문화를 다시 만들게 해야 해요. 살아 있는 지속적 과정으로서 문화와 문명은 계속 만들어져야 해요. 이는 문화와 문명이 계속 변화한다는 것, 즉 살아 있는 존재라는 것을 의미해요.

G: 죽음은 인간에게서 따로 떼어낼 수 없는 것입니다. 인공지능에 대한 꿈의 배후에는 인간의 유한성에 대한 불안이 숨겨져 있지 않을까요?

J: 한스 모라벡은 그 점을 아주 분명히 말하고 있어요. 다음 순간 자동차에 치어 죽게 된다는 것을 미리 알 수만 있다면 자신은

재빨리 컴퓨터 속으로 옮겨가겠다고 했거든요. 그는 이를 위해 '다운로드하다' 라는 낱말을 사용하고 있어요. 자신을 형성하는 정보를 계속 컴퓨터에 전달함으로써 계속 살아남아 불멸의 존재가 된다는 거예요. 그리고 그 컴퓨터가 언젠가 더 이상 잘 작동하지 않으면 그 내용—특수한 정보의 고리—은 다른 컴퓨터에 넘겨질 수 있어요. 그는 인간이 저장 장치로 환원될 수만 있다면 인간의 문화는 소멸의 위기에서 구조되고, 심지어 이런 방법을 통해 계속 이송되거나 발전할 거라고 말해요.

G: 그 비전은 고전적인 신화와 어떤 관계가 있나요?

J: 고대 그리스인들의 꿈, 즉 고전적인 신화를 한번 잘 들여다보죠. 불멸성의 꿈, 우주를 날아다닐 수 있다는 꿈, 불을—오늘날에는 원자력이라고 말할 수 있어요—지배하는 꿈을 말이에요. 저는 프로메테우스 신화를 원자력의 비밀에 대한 유추라고 여겨요. 오늘날 우리는 어떻게 전세계에 불을 지를 수 있는지 알고 있어요. 말하자면 이제 우리가 정말로 신들에게서 불을 훔친 거예요. 신화에서라면 이러한 일들은 신들에게 맡겨져 있어요. 그리고 감히 신들과 겨루려고 하면 고통스러운 벌을 받죠. 이 오래된 신화들은 인간들에게 신들을 그냥 내버려두는 게 나을 거라고 말하고 있어요.

프로메테우스와 마찬가지로 이카루스도 벌을 받았어요. 이카루스는 하늘을 나는 기술을 배워 우주공간을 날다가 태양에 너무 가까이 가는 바람에 날개가 녹아 추락하고 말았죠. 우리는 오늘날 '우주비행' 을 하고 있어요. 우주공간을 날아다니는 꿈을 어느 정도 실현한 셈이에요. 그리고 저는 이것뿐만 아니라 다른 많은 꿈도 실현했다고 생각해요. 또한 폭탄 자체를 종종 고대신화에서 보는 일종의 신들의 분노라고 해석하기도 해요.

그리고 이제는 인공적인 생명을 만들어내려고 하고 있어요. 그것도 아주 다른 두 가지 방법으로 말이에요. 하나는 생물학 분야에 자리를 잡은 '유전공학'으로, 간단하게 말하자면 유전자를 모아서 어떤 존재를 만들어내거나 극단적으로 수정을 가하는 거예요.

두번째 방법은 엔지니어 분야에 자리를 잡았어요. 여기에서는 물론 그리스 신화에 나오는 이카루스의 아버지이자 건축기술자인 다이달로스[1]가 연상되죠. 우리는 신을 만들거나 스스로 신이 되려고 해요. 적어도 우리가 경배할 수 있는 것들을 구성하고 세우고 있어요. 여기에서 구약성경의 황금송아지가 생각나네요. 현대 자연과학은 찬미되는 약속의 땅을 보았다고 주장하는 구약성경의 이야기와 그다지 멀리 있지 않아요. 뉴턴의 말이 떠오르는군요.

"내가 멀리 보았다면, 그것은 내가 거인의 어깨 위에 있었기 때문이다."

오늘날 자연과학은 뉴턴 시대 때보다 훨씬 높은 어깨 위에 올라가 있어요. 자연과학이 세계를 우주공간으로부터 보고 있고 따라서 멀리 볼 수 있다고 말할 수 있어요. 그래서 찬미되는 땅에 상당히 가까이 있다는 생각이 드는 것도 전혀 놀랍지 않아요.

[1] 미노스를 위하여 미궁(迷宮)을 만든 그리스 신화에 나오는 명장.

G: 그리스 신화를 현실적으로 연상시키는 당혹스러운 사례를 몇 가지 거론하셨는데요. 그렇다면 전설 속 골렘은 오늘날의 현실 속에서 어떻게 나타나고 있을까요?

J: 제가 볼 때 오늘날의 골렘은 인형이나 인간처럼 보이는 어떤 존재가 아니고 '기계'예요. 저의 기계 개념을 약간 확장하여 사회질서 같은 것, 그러니까 복합적인 체계 또한 그 개념에 포함시켜야 해요. 수많은 인간들을 괴롭히는 기계에 대한 불안, 즉 인간들이 당연히 감지하는 불쾌감은 기계를 통제할 수 없게 될 수도 있다는 통찰에서 나오는 거예요. 처음에 기계는 우리가 예상하는 것을 그대로 행합니다. 그리고 나서 계속 발전하면 기계의 능력이 정제되고 차별화되어, 결국에는 기계를 통제할 수 없게 되죠. 그렇게 되면 우리가 불러내는 유령들에게서 더 이상 벗어나지 못할 거예요.

더 큰 위협은 우리가 더 이상 기계의 작동을 멈출 수 없게 될지도 모른다는 점이에요. 이로써 끝없는 악몽이 시작되는 거죠. 유명한 무성영화 〈골렘〉에 나오는 스위치가 생각나네요. 어느 장면에선가 랍비는 자신이 만든 존재의 스위치를 끕니다. 그 결과 골렘은 무력해지죠. 그러나 골렘은 이것으로부터 배웁니다. 이 시점부터 골렘은 자신에게 숙명적인 단추 또는 스위치를 보호하는 거예요. 나중에 네댓 살이 채 안 된 아주 어린 소녀가 나와 골렘의 주의를 다른 데로 돌린 후 스위치를 끄는 것은 매우 흥미로운 장면입니다.

오늘날 우리가 조립한 기계의 작동을 더 이상 멈추게 할 수 없다는 불안을 많은 사람들이 갖고 있어요. 그리고 이런 불안은 근거가 없지 않아요. 무척 심각한 예를 하나 들고 싶네요. 기계, 이를테면 제가 정의를 내린 것처럼 사회질서와 관련이 있는 기계는 주식

시장 시스템이에요. 1987년 10월에 있었던 뉴욕 증권거래소의 주식 공황이 생각납니다. 컴퓨터가 주식 공황에서 본질적인 역할을 하는데도 불구하고, 고장난 것은 개별적인 특수 컴퓨터가 아니라 시스템 전체였어요.

이런 일이 어떻게 벌어졌을까요? 제가 자주 듣는 세간의 이야기로는, 컴퓨터 오류가 문제였다고 해요. 최근에 저는 어떤 사람과 이 문제에 대해 이야기를 나누다가 그 사람의 견해에 격렬하게 반대했어요. 그 어떤 식으로든 컴퓨터 오류는 전혀 없었어요. 모든 것이 오류 없이 잘 작동했어요. 그런데도 주식시장의 공황이 일어난 거예요.

이것은 놀랄 만한 일이에요. 커다란 재앙이 정말로 얼마나 가까이 있었는지 기억하는 사람은 단지 소수뿐이고, 그 당시 이런 재앙을 예감한 사람은 훨씬 적었으니까요. 사실 당시 세계 금융질서는 전체가 붕괴될 위험에 처해 있었어요. 믿을 수 없을 정도로 재앙에 가까이 있었던 거죠.

G : 교수님이 강조하시는 것처럼 컴퓨터 오류가 없었다면 어떻게 그렇게 된 거죠?

J: 그러게 말이에요. 어떻게 그렇게 되었을까요? 먼저 1980년대 말이 PC가 전반적인 승리의 행진을 시작한 시기였다는 점을 염두에 두어야 해요. 수많은 사람들이 사무실에 놓을 PC를 구입했어요. 그중에는 증권 브로커도 많았죠. 그들은 PC에 많은 기대를 걸었어요. 케이블 연결을 통해 월스트리트 주식시장의 자료들이 직

접 개인 컴퓨터로 빠르게 들어오자, 그 자료들을 즉각 처리할 수 있었으니까요.

이를 위해 많은 사람들이 여러 프로그램을 작성했죠. 자료들을 분석하고 평가한 다음, 이 회사 저 회사의 주식을 이러저러한 만큼 사거나 팔라는 명령을 주식시장에 보내는 프로그램이었어요. 아주 간단하게 말하면 당시의 상황이 이러했어요. 프로그램들은 해당 주식을 아주 빨리 처리하면 확실히 이익을 볼 거라고 약속했어요. 그러니까 눈 깜빡할 사이에 반응을 해야만 이익을 보고 손해를 보지 않을 수 있었던 거예요.

이제 증권 브로커는 이러한 목적에 맞는 프로그램이 설치된 PC를 책상에 놓고 돈을 많이 벌기 시작했어요. 곧 다른 주식 브로커가 따라서 했죠. 그 다음에는 소문이 퍼지고 또 다른 주식 브로커들도 가세했어요. 단기간 내에 수많은 컴퓨터가 이런 식으로 뉴욕에서 활동했죠.

이제 이러한 컴퓨터가 종래의 의미에서 네트워크로 연결된 게 아니라 독자적으로 혼자 작동한다는 점을 분명히 강조하지 않을 수 없네요. 이러한 컴퓨터들을 연결해주는 케이블도 전화선도 없었어요. 컴퓨터들은 완전히 독립적이었죠. 그럼에도 연결은 있었어요. 그것은 시장 자체였어요. 예컨대 컴퓨터가 제너럴 일렉트릭 주식 10만 주를 사라는 주문을 내면 시장이 이것을 알아챕니다. 시장이 반응을 보이면 다른 브로커의 컴퓨터들이 다시 이것을 감지하는 거예요. 그 결과 브로커들의 컴퓨터들도 무언가를 꾀합니다.

여기서 중요한 점은 전체, 즉 이러한 컴퓨터 전체가—누군가가 별도로 설치하지 않아도—하나의 시스템을 형성한다는 사실이에요. 각각의 부분들은 서로 연결되어, 시스템이론의 도움으로 분석할 수 있는 하나의 시스템을 형성하는 거예요. 그러고 나면 원칙상 안정적이지 않은 시스템의 문제가 드러나게 됩니다. 즉, 그런 시스템은 언제든 뒤집힐 수 있는 거예요.

안정적인 시스템은 약간 넘어지거나 소용돌이에 휩쓸리더라도 다시 균형을 잡습니다. 그것은 무거운 측판(側板)을 장착한 돛단배에 비할 수 있어요. 바람이 강하게 불거나 세찬 파도가 너무 높게 일면 돛단배는 약간 기우뚱거리지만 잠시뿐이에요. 그 다음에는 출발할 때의 상태로 되돌아가죠. 늘 아주 믿을 만하게 말이에요.

하지만 여기에서 말하는 것과 같은 불안정한 시스템은 다시 안정적으로 될 거라는 전망 없이 간단히 전복될 수 있어요. 그리고 바로 그런 일이 그 당시 일어난 거예요. 당시 사건을 아주 대략적으로 말하면 그렇다고 볼 수 있어요. 물론 훨씬 상세하게 말할 수 있지만, 이 정도만으로도 제가 강조하고 싶었던 부분은 다 설명되었다고 생각해요. 저는 이 시스템을 아무도 구상하지 않았다는 점을 강조하고 싶어요. 아무도 그런 시스템을 설치할 마음을 먹지 않았어요. 누군가가 그런 시스템을 만들어낸 게 아니에요. 아무도 이 시스템에 대해 권위자의 지위를 갖고 있지 않아요. 이 시스템에 대해서는 아무도 책임이 없어요. 따라서 아무도 이 시스템의 작동을 멈추게 할 수 없다는 결론이 나올 수밖에 없죠.

이런 일들은 점점 더 자주 벌어질 거예요. 뉴욕 주식시장은 다시 한번 전복의 위험이 생기면 모두 시스템의 스위치를 꺼줄 것을 제안했어요. 컴퓨터의 도움을 얻어서라도 위험의 기미가 포착되었을 때는 그냥 모든 스위치를 완전히 꺼야 한다는 거예요. 그러나 그

렇게 일제히 작동을 멈추게 할 수 있는 스위치가 없다는 게 드러났
어요.

　　물론 "브로커 양반, 이제 그것을 사용하지 마세요"라고 부탁
할 수는 있을 거예요. 그러나 경우에 따라서는 자신을 제외한 모든
브로커가 시스템의 스위치를 껐을 때 자기 혼자만 시스템을 계속 사
용한다면 대단히 유리한 위치에 설 수 있다고 판단할 수도 있어요.
그래서 시스템의 작동을 멈추게 할 수 없는 거예요. 제 말뜻은 오늘
날 우리의 골렘은 통상적인 의미에서 말하는 각각의 기계가 아니라
는 거예요.

　　이 경우 붕괴에 대한 책임을 그 누구에게도 전가할 수 없게
됩니다. 그 누군가를 지목해서 "네 탓이야. 네가 그것을 잘못 만들
었어"라고 말할 수 없어요. 이미 말한 것처럼 컴퓨터 오류가 아니었
어요. 모든 것은 되어야 하는 대로 정확히 작동했어요. 경악스러운
것은 이러한 예를 무수히 댈 수 있다는 거예요. 저는 그 누구도 책
임을 지지 않을 정도로 책임을 분산시키는 기술을 발전시켰다는 데
우리 사회의 중요한 특성이 있다는 점만 재차 강조하고 싶어요.

G: 컴퓨터에게 뭔가를 말한다는 것은 대체 무슨 의미인가요?

J: 그 의미는 여러 해가 지나면서 완전히 달라졌어요. 맨 처
음에 컴퓨터는 대단히 큰 시설물로 공간을 많이 차지했고 각 연구소
마다 일종의 중심지를 형성했어요. 이러한 시설은 나머지 세계로부
터 고립되었죠. 다른 컴퓨터나 네트워크와 연결시켜줄 모뎀도 전화
선도 없었으니까요. 제가 지금 말하고 있는 이런 종류의 컴퓨터는

그것을 조작하는 사람이 직접 만들었거나, 적어도 만드는 데 참여했을 거예요. 따라서 당시에는 컴퓨터가, 우리가 명령하거나 장착한 것만 하고 그 밖의 다른 것은 전혀 하지 않는다고 말할 수 있었어요.

오늘날은 사정이 전혀 달라요. 산업체에서 사용되는 PC나 대규모 시설은 우리가 1950년대에 알고 있었던 컴퓨터와는 근본적으로 차이가 있어요. 오늘날 PC를 구입한다면, 그러니까 소위 하드웨어만 산다 해도, 이 장치에는 이미 프로그램으로 꽉 찬 작동 시스템이 갖추어져 있어요. 따라서 제가 지시하는 것을 컴퓨터가 그대로 한다는 말은 더 이상 맞지 않아요. 함께 인도되는 소프트웨어, 즉 작동시스템이 저와 공통점이 있게 형성되지 않았기 때문이에요. 엄밀히 말하자면, 누군가가 제 컴퓨터에게 해야 할 것을 다르게 말한 거예요. 혹은 컴퓨터가 네트워크에 연결되어 있어서 저에게서만이 아니라 컴퓨터 네트워크의 다른 참여자들로부터도 입력을 받게 되죠. 저는 '입력'이라는 낱말을 '정보' 대신 의도적으로 사용하고 있어요. 제 컴퓨터, 보다 정확히 말하면 제가 사용하는 컴퓨터는 이 경우 네트워크의 작은 부분으로, 해야 할 일을 대부분 다른 인간들이나 심지어 다른 컴퓨터들로부터 명령받아요.

그러니까 "컴퓨터는 사람들이 말하는 것만 행한다"라는 문장은 틀렸을 뿐만 아니라 대단히 위험해요. 이 문장을 반박하지 않고 그냥 그대로 받아들여서는 안 돼요. "시스템을 만든 사람들은 자기들의 시스템을 훤히 꿰뚫고 있다"라는 말이 있어요. 그러나 그 말도 맞지 않죠. 제 말은 예컨대 군사 분야의 최신식 컴퓨터 시스템, 즉 전세계에 걸쳐 활동하는 커다란 컴퓨터 시스템의 대부분을 간파할 수 없다는 거예요. 이러한 컴퓨터 시스템을 간파하는 사람이 더 이상 없다는 것만이 아니라, 그렇게 하기에는 전반적으로 너무 늦었다는 말이에요. 이 시스템들을 이제는 더 이상 간파할 수 없어요.

G: 컴퓨터 시스템들이 너무 복잡해졌기 때문인가요?

J: 컴퓨터 시스템처럼 복잡한 시스템은 나름대로 발전의 역사를 갖고 있어요. 오늘날 인간들이 우리 역사의 결과물인 것과 마찬가지로, 기존의 컴퓨터 시스템은 그 역사적 발전의 결과물이에요. 이러한 역사가 없어지면, 그 시스템도 더 이상 이해할 수 없게 되죠. 어떤 컴퓨터 시스템이 일련의 과학자 집단에 의해 신중하게 개발된다고 상상해봅시다. 그렇게 되면 이러한 컴퓨터 시스템의 역사는 보존될 거예요.

G: 이제는 인공지능과 교수님께서 이미 언급하신 주역들에 대한 주제로 다시 돌아가고 싶습니다.

J: 인공지능의 주창자들은 일종의 신(神) 놀이를 하려고 해요. 그들은 "우리가 자연보다 더 잘 할 수 있어!"라고 말하죠. 또는 우리가 "사랑하는 신보다 더 잘 할 수 있다"고 말하고 있어요. 이는 과대망상, 즉 글자 그대로 광기에 가까운 거예요. 신 놀이를 한다는 것은 망상이에요. 그런데 예전에 제가 수십 년간 이러한 문제를 직접 조망한 MIT와 오늘날 베를린에 있는 연구실에서 관찰해보니 민스키, 모라벡, 파이겐바움(Edward Fiegenbaum) 등 인공지능 주창

자들은 모두 남자들이에요. 언젠가는 이 점을 주목해야 할 거예요. 그 어떤 것이 이 문제와 관련이 있을까요? 전혀 관련이 없다는 말은 정말로 믿기 어렵네요.

G: 그 이유가 혹시 이 분야에서 일하는 여성들이 적다는 데 있습니까?

J: 그런 말은 오늘날 더 이상 맞지 않아요. 그 사이에 수많은 여성들이 이 기술 분야에 종사하게 되었으니까요. 미국 대학들의 컴퓨터공학 분야에도 이제는 여성들이 많아요. 여성들이 인공지능 영역에서 전혀 일하고 있지 않다는 말도 맞지 않아요. 눈에 띄는 점은 여성들의 일하는 방식이 아주 다르다는 거예요.

프로그래머를 예로 들어보죠. 프로그래머의 활동은 어떤 특정한 결과에 이르기 위한 수단이 아니에요. 오히려 그 활동 자체가 목적이에요. 프로그래머는 컴퓨터를 이용해 자신이 지배하는 세계, 그것도 그 혼자만이 지배하는 세계를 만들어요. 그는 기계와 연결되어 있을 때에만 자기 존재를 확인하죠. 그는 스스로 과제를 설정해요. 제 관심을 끈 것은 프로그래머의 심리적 요소들이었어요. 프로그래머는 모순적인 상황에 처해 있어요. 한편 그는 자신이 '명령하는' 모든 것을 실행하는 컴퓨터에 대한 절대적 지배자예요. 다른 한편 컴퓨터는 프로그래머에게 자신이 범한 오류들을 가차없이 보여줍니다. 컴퓨터의 모든 잘못된 행태는 궁극적으로 프로그래머의 오류 탓으로 돌릴 수 있어요. 이러한 오류나 해결하기 어려운 문제들이야말로 프로그래머들을 자극하는 요소들이에요.

저는 《컴퓨터의 힘과 인간 이성》에서 프로그래머에 관한 장을 별도로 할애했어요. 그 장에서 저는 전형적인 프로그래머의 모습과 이기는 것보다는 게임하는 것 자체를 중시하는 프로게이머의 모습을 비교했어요. 도스토예프스키의 소설 《노름꾼》에는 문을 닫기 직전의 야간 카지노를 묘사한 장면이 나와요. 그때 카지노에 그대로 있는 사람은 소수의 노름꾼뿐이에요. 진짜 노름꾼들이죠. 그들은 카지노를 떠나지 않고 노름을 끝내는 순간을 자꾸 늦추려고 해요. 그렇지만 그 순간이 온다는 것만큼은 잘 알고 있죠. 이 장면의 묘사를 보자마자, 늦은 저녁 또는 밤중의 대학 전산센터 분위기가 느껴졌어요.

프로그래머는 미국, 일본, 러시아, 중국, 유럽 등을 막론하고 전세계에 걸쳐 어디나 있어요. 그러나 여기에서 우스운 점은 프로그래머가 남자들뿐이라는 사실이에요. 프로그래머 중에는 여성이 거의 없어요. 저는 지난 30년 동안 정말로 세상을 많이 돌아다니며 여성 프로그래머를 찾으려고 애썼어요. 그러나 소용이 없었어요. 물론 이렇게 얘기하면 항의하는 사람들이 있곤 했죠. "그렇지 않아요. 여성 프로그래머도 있어요"라고 말이에요. 그러나 제가 "대체 누구입니까?" 하고 물으면 언제나 회피하는 듯한 답변이 나왔어요. "제가 아는 사람은 없지만, 친구의 말로는 있다고 했어요."

요컨대 제가 지금껏 여성 프로그래머를 보지 못한 데는 틀림없이 이유가 있을 거예요. 프로그래밍과 신 놀이를 하려는 충동 사이에 과연 연관성이 존재할까요? 저는 그럴 거라고 추정해요.

G: 어쨌든 그것은 상당히 명백해 보입니다.

J: 인공지능의 주역들이 자기들의 일을 어떻게 규정하고 있는지 다시 한번 살펴보기로 하죠. 그들 스스로 어떻게 말하고 있나요? 한스 모라벡의 《마음의 아이들》을 다시 살펴볼게요. 모라벡은 인간 생명을 인위적으로 만들겠다는 의도를 아주 명확히 표현하고 있어요. 없앨 수 없고 죽지 않으며 처음부터 지적인 능력을 지닌 인간 생명을 만들겠다는 거예요.

우리의 아이들은 정확히 그 반대예요. 처음에는 의지할 데 없이 속수무책이고 다치기 쉬워요. 그리고 나서 거의 20년이 걸려 독자적으로 자신을 돌볼 수 있게 되죠. 그러니까 20년이 지나야 독립적으로 기능할 수 있게 되는 거예요. 오래 걸리는 과정이고, 수많은 어려움과 결부되어 있어요.

모라벡은 우리가 인공 생명을 만들어낼 수 있다고 예고하고 있어요. 인간보다 훨씬 낫고 훨씬 지적일 뿐 아니라 불멸이기도 한 생명이라고 해요. 불멸성은 그에게 있어서 중요한 역할을 하죠. 그 점에 대해서는 우리가 이미 이야기했어요.

"우리는 우리 자신보다 훨씬 지능이 높고 영원히 죽지 않을 아이들을 만들어낼 수 있다."

이러한 모라벡의 예고가 의미하는 바는 다음의 말과 전혀 다르지 않아요.

"우리는 그것을 자연보다 더 잘 할 수 있고, 여자들보다 더 잘 할 수 있다. 우리 남자들은 오늘날 아이를 생산하는 능력에서 여자들보다 우월하다."

저는 이것이 아이를 낳는 여자들의 능력에 대한 질투라고 해석해요. 자궁에 대한 질투죠. 분명 이것이 가장 본질적이고 궁극적인 동기예요. 언젠가 그 누군가가 이에 대해 연구한다면 무척 기쁠 거예요. 다시 본래 논의로 돌아가서, 이제 우리가 제기해야 할 가장 핵심적인 질문은 무엇일까요?

무엇이 이 사람들을 움직이는 걸까? 그들의 동기는 어떻게 생겨날까? 똑똑하고 학교성적이 좋은 아이들이 그러한 일들을 믿고 그렇게 생각하는 인간들로 발전하거나 변하는 일이 어떻게 일어날까? 그게 무엇일까? 이러한 인간들은 어디서 오는 걸까?

저는 이것들이 중요한 질문들이라고 생각해요. 어쩌면 끔찍한 나치 살인자나 전쟁 범죄자와 관련된 질문들만큼이나 중요해요. 그렇다면 또 물어봐야겠어요. 인간들은 어떻게 생겨났나요? 인간들은 어떻게 그렇게 되었나요? 인간에게 있는 무엇이 인간으로 하여금 그렇게 많은 것을 성취하게 할 수 있나요? 저는 이런 질문들이야말로 가장 중요한 연구 대상이라고 생각해요.

G: 하지만 교수님께서는 인공지능 무대의 주역들 대부분을 개인적으로 알고 계시잖아요?

J: 물론입니다. 저는 그들이 세간에서 말하듯이 친절한 사람들이지만 특별한 주목을 받지 않고 있음을 인정하지 않을 수 없네요. 그들은 부인과 자식들이 있고, 대부분의 인간들처럼 처자식에게 때로는 더 잘 하고 때로는 별로 잘 하지 못합니다. 바로 이런 이유에서 불가피하게 이런 의문이 떠오르네요. 그들은 어떻게 이런 특정 주제에 골몰하고 연구하게 되는 걸까?

솔직히 저는 이 질문에 대답할 수 없어요. 이 사람들이 누구이고 그들의 공통점이 무엇인지 전문가들이 한번 진지하게 분석하기를 바란다는 말만 반복할 수 있을 따름이에요.

그들의 공통적인 속성은 생물학적인 생명에 대한 경멸에 있어요. 저는 심지어 그것이 생명에 대한 전반적인 경멸을 내포하고 있다고까지 말하고 싶어요. "뇌는 단지 살로 된 기계일 뿐이다"라는 민스키의 발언과 그 논리적 관계에 대해서는 이미 언급했어요. 그리고 민스키가 인간은 평범한 엔지니어인 신이 방향을 잘못 잡아 발전시킨 존재로 볼 수 있다는 모라벡의 견해도 공감하고 있다고 이미 밝혔어요.

신을 기술자나 설계자로 보는 이런 견해는 제가 지도한 여러 박사학위 논문들에서 중요한 역할을 했어요. 그리고 신의 무능력에 대한 증거로 창조의 불충분함이 제시되었어요. 인간은 약하고 아프고 고장나기 쉬워요. 인간이 지적인 능력을 형성할 때까지는 본디 오래 걸립니다. 따라서 높은 지능을 지닌 정말 '좋은' 인간을 소위 '만들어내는' 것에 대체로 성공하지 못하지만, 몇몇 경우에 결국 성공한다 해도 오래 걸리지 않아 그 인간은 죽고 모든 것은 사라질 거예요. 이렇게 본다면 분명 인간은 진화와 자연의 잘못된 발전 결과임에 분명해요.

이러한 태도는 매우 광범위하게 퍼져 있어요. 《괴델, 에셔, 바흐*Gödel, Escher, Bach*》의 저자 호프스태터(Douglas Hofstadter)는 한 행사에서, 그가 하는 일이 필연적인 결과를 갖고 또 인간들에게 어쩌면 위험요인이 될 수도 있지 않느냐는 질문을 받았어요. 호프스태터의 답변은, 첫째 그는 더 이상 그런 것을 걱정하지 않고, 둘째 인간 종족이 우주에서 가장 중요한 것은 아니라는 것이었죠.

이로써 모라벡의 《마음의 아이들》과의 연결이 성립되었어요. 인간 종족이 우주에서 가장 중요한 것은 아니라는 진술을 일관되게 계속 주장한다면, 불가피하게도 어떤 다른 것이 더 중요하다는 결론에 이르게 돼요. 여기에서 두 가지 질문이 제기될 수 있어요.

첫째, 더 중요한 것은 무엇인가? 둘째, 그것은 누구에게 더 중요한가?

또 다른 미국 철학자인 데닛(Daniel Dennett)은 심지어 이런 요구까지 제기했어요.

"인공지능에서 더욱 진보할 수 있으려면, 우리는 생명에 대한 경외심에서 벗어나야 한다."

그 누군가가 그 어딘가에서 이런 이야기를 하라고 요청한 게 아니에요. 미국의 교수가 자신이 몸담은 대학에서 이러한 명제를 대표해서 가르치고 있어요. 그리고 저를 제외하고는 그 누구도 그것에 대해 반박하지 않았어요. 제가 정말 유일하게 반박한 사람인 것 같아요.

인간은 근본적으로 정보 가공 기계이고, 살아 있는 인간 신체의 부분들은 인공 기관으로 대체될 수 있다는 견해에 반박하는 사람은 오늘날 미국에서 극소수에 불과해요. 서양의학은 거의 전부 물질주의적인 가설 위에 세워져 있어요.

그들의 믿음은 우리 시대의 인간상에 깊은 영향을 주었어요. 자연과학이 한편으로는 인공지능을 통해, 다른 한편으로는 유전학을 통해 인공적인 존재들을 만들어내는 일을 드디어 해낼 수 있게 되었다는 믿음 말이에요. 인공적인 존재들이 인간으로서 기능할 뿐만 아니라 자연의 인간보다 더 완벽하다는 믿음이에요.

G: 인공지능에 관한 글들에서 눈에 띄는 것은 미래에 대한 예측입니다.

J: 완전히 미래에 산다는 것은 오늘 이 자리에 있지 않다는 것을 의미해요. 그것은 현재로부터 달아나는 도피예요. 실제로 인공지능에 관한 글들은 미래가 얼마나 아름다울지에 대한 약속이라는 특징을 지니고 있어요. 그래서 정말 비정상적인 과학이에요. 인공지능의 이념이 전반적으로 그 어디서든 진지하게 받아들여진다는 사실이 놀라워요. 전세계에서 진지하게 받아들여지고 있거든요. 그 이념은 배후에 거의 아무것도 없는데도 인기리에 팔리고 있어요.

G: 이런 질문을 비판적으로 제기할 수 있을 겁니다. 인간 실존에서 본질적인 것은 무엇인가? 인간 지능의 어떤 속성을 '계량화', 즉 컴퓨터화할 수 있는가?

J: 컴퓨터의 지적 능력이 점점 커지고 있음을 입증해주는 예로서 자주 회자되는 것이 바로 체스 놀이입니다. 자주 찾아오는 어떤 사람이 이런 이의를 제기했어요.

"하지만 바이첸바움 선생님, 오늘날 컴퓨터는 체스 놀이를 할 수 있습니다. 그것도 대부분의 인간들보다 훨씬 잘할 수 있죠. 이것이 곧 인공지능의 성공을 말해주는 겁니다."

그 사람의 말에 저는 그렇지 않다고 반박할 수밖에 없어요. 컴퓨터와의 체스 놀이는, 체스의 달인이 다음 말을 움직일 때 그의 머릿속에서 벌어지는 일을 컴퓨터에 전달한다는 과제와 함께 시작되었어요. 오래지 않아 컴퓨터는 훨씬 빨라졌고, 저장용량도 몇 배로 커졌죠. 그래서 이 엄청난 속도와 거대한 저장용량을 이용하고 싶은 유혹을 쉽게 뿌리칠 수 없었던 거예요.

물론 오늘날 컴퓨터가 할 수 있는 완벽한 체스 놀이는 예외 없이 전적으로 컴퓨터의 거친 힘이 이룩한 성공이에요. 하지만 그 것은 인공지능과는 관련이 없어요. 어쩌면 이렇게 말해야 할 것 같 아요. 세계 정상급 테니스 시합에서 실력이 출중한 두 선수의 기량 은 뚜렷하게 우열을 가리기 힘들 거예요. 그래서 두 선수 각자 상대 방이 실수하기를 바랍니다. 체스에서도 마찬가지예요. 언젠가 누군 가는 실수를 합니다. 오늘날 컴퓨터는 초당 수백만 건의 계산을 실 행할 수 있을 정도로 발전했어요. 그리고 컴퓨터는 체스 선수들처 럼 바보 같은 실수를 하지 않아요. 하지만 어쨌든 이것은 인공지능 과 전혀 관련이 없어요.

G : 그것은 인간의 경우 자신의 현재 상황이 행동과 판단에 중요한 역할을 한다는 것과 관련이 있습니다.

J : 그뿐만이 아니에요. 우리 인간은, 아니 제 자신에 한정해 서 예를 들어보죠. 저는 자동차를 들어 올릴 수 없어요. 그것은 너 무 어려운 일이에요. 하지만 크레인 같은 기계들은 그것을 할 수 있 죠. 이러한 기계는 때로 인간의 팔처럼 보이는 장치도 가지고 있을 거예요.

많은 사람들이 체스 놀이에서 다음에 놓을 서너 개의 말, 어 쩌면 다섯 개의 말까지도 예견할 수 있겠지만, 그 이상 할 수 있는 사람은 드뭅니다. 컴퓨터는 다음에 놓을 더 많은 말을 볼 수 있다는 점에서 훨씬 멀리 볼 수 있어요. 그것은 순전히 양적인 힘, 다시 말 해 계산의 힘 덕분이에요. 크레인의 경우와 같죠. 자동차를 들어 올 릴 수 있는 엔진의 거친 힘 말이에요. 하지만 그것 때문에 크레인과

경쟁하고, 크레인이 나보다 더 훌륭하고 신은 무능한 엔지니어라고
주장하는 것은 정말 말도 안 되는 소리예요.

G: 그렇다면 이와 연관해 소위 전문가 시스템을 어떻게 평가하시겠습니까?

J: 그 대부분이 허구예요. 저는 또한 그것이 순전히 선전이
라고 말하겠어요. 전문가 시스템이 대체 무엇입니까? 기술적 입장
에서 볼 때—저는 이제 제 과거 전공분야인 '컴퓨터공학'에서 말하
는 것처럼 정보공학에 대해 대단히 기술적으로 말하고 있어요—전
문가 시스템은 프로그래밍의 특수 건축술을 지칭해요. 포트란, 알
골(Algol)[1], 파스칼(Pascal)[2] 같은 언어가 컴퓨터 언어의 건축술에 속
하는 것과 같죠.

전문가 시스템은 도구이고, 어떤 식으로든 진지하게 규정한
다면 인공지능과는 전혀 관련이 없어요. 그것은 어떤 규칙들을 작
성하는 방법일 뿐이지, 그밖의 아무것도 아니에요. 전문가 시스템
을 인공지능과 혼동해서는 안 돼요.

예를 하나 들어보겠습니다. 오늘날 점보기와 같은 대부분의
대형 비행기들은 조종사 대신 컴퓨터에 의해 착륙합니다. 물론 조
종사가 현장에 있으면서 감독하지만, 비행기는 실제로 대부분의 경
우 컴퓨터에 의해 착륙이 이루어져요. 그래서 비행기에는 고도, 속

---

[1] 1960년에 발표된 과학 기술 계산용 프로그래밍 언어.
[2] 알골 계통의 고수준 만능 프로그래밍 언어.

도, 지상에서의 거리 등 수많은 요인들을 동시에 지각할 수 있는 시스템이 있는 거예요. 이 시스템이 '컴퓨터 조작'을 해요. 즉, 이 시스템이 이제 무엇을 해야 하는지 산정하는 거죠.

이 시스템은 비행기가 처해 있는 여건에 대해 인간보다 훨씬 민감해요. 그런 의미에서 이 시스템은 인간보다 훨씬 우월하죠. 말하자면 인간보다 나아요. 그러나 그것이 인공지능인가요?

자동 착륙 시스템은 컴퓨터와 비행기, 그리고 비행에 대해 전문적인 지식을 가진 사람들에 의해 영국과 미국에서 거의 동시에 개발되었어요. 그들은 자신들이 인공지능을 개발하리라고는 전혀 예감하지 못했어요. 그들은 그저 특수한 응용 시스템을 개발한 거예요.

오늘날 인공지능의 범주에 포함되는 대부분의 프로그램은 이런 식의 응용 시스템이에요. 저는 오늘날 비행기의 이륙과 조종 그리고 착륙을 가능케 해주는 이 시스템이 MIT나 스탠퍼드 또는 카네기멜론대학—인공지능 분야에서 중요한 미국의 세 대학으로, 이러한 이념을 정말 대단히 광범위하게 추진하고 있어요—에서 개발되었고, 그에 대한 선전이 결코 끝나지 않을 거라고 확신해요. 어쩌면 인공지능의 승리로 축하받을지도 모르죠. 하지만 엔지니어들이 개발한 응용 프로그램이기 때문에, 그렇게 떠들썩하게 축하받지는 못할 거예요.

오늘날 인공지능이라고 불리는 대부분의 응용 프로그램은 바로 이러한 특성을 지니고 있어요. 전문가 시스템의 개념은 특정한 기술적 건축술과 관련이 있죠. 그뿐이에요. 그것은 대학과 연구소 밖에서는 거의 알지 못해요. 그 결과, 세상은 지난 40년 동안 컴퓨터 신화와 동화의 폭격을 받았을 뿐이에요. 인공지능의 주역들은 인류가 그것에 대해 무엇이 맞고 무엇이 틀린지 스스로 판단할 수 없다는 것 때문에 이득을 보고 있어요. 그래서 동화에 대한 믿음이 생겨나는 거죠. 수많은 인간들이 그러한 신화를 믿고, 교수들에게 오도되어 그들과 그들의 진보에 대한 꿈을 무비판적으로 따라가고 있어요. 과학적인 권위에 순응하고, 미래의 약속이라는 매력에 넘어가는 거죠.

누가 누구를 이해하는가

G: 대체 어떻게 컴퓨터에 이해와 이해력을 부여할 수 있습니까?

J: 네? 컴퓨터가 이해할 수 있느냐고요? 이 질문 옆에 몇몇 다른 질문들을 나란히 놓고 싶네요. 이 질문에는 일련의 부수적인 문제가 있기 때문이에요. 예를 들어 이런 질문이 있어요.

'컴퓨터가 과연 무언가를 생산할 수 있는가?'

이 질문을 보기만 해도 떠오르는 부수적인 질문이 있습니다. 어쩌면 첫번째 질문이 이미 답이 된 질문이죠.

'원자력 발전소가 에너지를 만들어낼 수 있는가?'

이에 대한 답은 아주 분명합니다. 원자력 발전소는 에너지를 변화시키고 바꿀 수 있지만 만들어낼 수는 없어요. 컴퓨터와 아주 유사하죠.

G: 이해하는 것의 문제로 돌아가겠습니다. 이해는 소위 창조적 생산을 위해 없어서는 안 되는 전제가 아닐까요?

J: 이 점에 대해 제가 별로 좋아하지 않는 책이 떠오릅니다. MIT에서 사회학을 가르치는 동료 여교수 터클(Sherry Turkel)이 쓴 《소망의 기계》예요. 이 책에서 컴퓨터는 한 번은 이런 식으로 또 한 번은 저런 식으로 예측할 수 없게 반응하는 것처럼 보입니다. 컴퓨터와 장난하는 어린아이는 이런 불만을 말합니다.

"컴퓨터가 우리를 속여."

그러자 다른 아이가 즉각 대꾸합니다.

"속일 수 있으려면 컴퓨터가 자신이 속인다는 것을 알고 있어야 해."

여기에서 저는 창조적이기 위해서는 인간이든 컴퓨터든 창조적인 도구가 스스로 창조적이라는 것을 알고 있어야 한다는 결론을 끌어냅니다. 이러한 논증이 실제로 최후의 결론까지 방어할 수 있는지 여부는 결코 자신할 수 없지만, 어쨌든 상당히 그럴 듯해 보이긴 해요.

이제는 정말 그 문제를 다룰 생각이에요. 컴퓨터가 이해할 수 있을까? 이에 대한 대답이 '아니다' 라면—저는 대체로 '아니다' 라고 생각하지만—이 주제를 다루는 수많은 작업들이 희망이 없거나 심지어 무의미하게 된다는 결론이 나올 게 뻔해요.

G: 교수님은 '이해' 의 어떤 개념에서 시작하시나요?

J: 저의 출발점은 인간이에요. 저는 인간의 이해에서 시작합니다. 맨 먼저 이렇게 물어봐야 해요. 인간은 이해할 수 있을까? 이 질문을 좀더 정확히 해야겠군요. 인간은 완전히 이해할 수 있을까?

각각의 인간이 다른 인간을 완벽하게 이해할 수 있을까? 이 질문에서도 대답은 '아니다' 입니다. 인간은 그렇게 할 수 없어요.

오늘날은 '컴퓨터의 자연언어 이해'에 대해 언급하는 게 유행이에요. 그렇다면 특수한 컴퓨터 언어와 같은 인공언어뿐만 아니라 독일어나 영어와 같은 자연언어 역시 컴퓨터가 이해할 수 있게 가르쳐야 해요. 여기에는 하나의 문장이 특정한 의미를 갖고 있다는 생각이 포함되죠.

또다시 수많은 예들이 떠오르네요. 첫번째 예는 제가 강연할 때 종종 언급하곤 했는데, 거의 매번 오해를 받았거나 전혀 이해를 받지 못했어요. 이번에 말하는 것은 지어낸 이야기가 아니라 제가 실제로 겪은 일이에요.

뉴욕 맨해튼에 있을 때였어요. 오후 3시쯤이었는데 도로에 자동차와 사람들이 많았어요. 저는 길을 건너려고 신호등 옆에 서서 보행자 신호를 기다렸어요. 그때 갑자기 한 남자가 다가와 영어로 이렇게 물었지요.

"유대인입니까?"

저는 그렇다고 대답했어요. 그러자 그 남자가 또 물었어요.

"몇 시입니까?"

저는 이 질문에도 대답을 했어요. 그것으로 끝이었어요. 이것이 이야기의 전부예요. 이것을 어떻게 이해해야 할까요? 이해하시겠어요?

G: 제가 제대로 이해했는지는 모르겠지만, 아마도 설명 가능한 여러 방식이 있겠지요.

J: 그래요, 여러 방식으로 설명할 수 있겠죠. 그것은 상이한 인생사로부터 나올 거예요. 제 식으로 설명한다면 아마도 웃으실 거예요. 다른 예를 하나 더 들어볼까요. 음악계에 매우 아름다운 4중주단이 있었어요. 그 수준에 견줄 만한 4중주단은 결코 찾지 못할 거예요. 피아노는 루빈스타인(Arthur Rubinstein), 첼로는 퍄티고르스키(Gregor Piatigorsky), 바이올린은 하이페츠(Jascha Heifetz), 비올라는 프림로즈(William Primrose)가 맡고 있는 4중주단이에요. 오늘날 중년이 된 사람들은 이들의 4중주를 기억할 거예요. 네 명의 연주자가 뉴욕 카네기홀에서 연주한 적이 있어요. 그런데 루빈스타인이 갑자기 악보의 어디쯤을 연주하고 있는지 까먹은 거예요—사실 그에게 종종 일어나는 일이었죠. 그래서 루빈스타인은 퍄티고르스키에게 속삭여 말했어요.

"어디야?"

그러자 퍄티고르스키가 대답했죠.

"뉴욕의 카네기홀이지."

G: '올바른' 이해를 위해 없어서는 안 되는 것이 바로 맥락입니다.

J: 정확한 지적이네요. 예를 하나 더 들어볼게요. '아이가 공을 던진다' 라는 문장이에요. 이 문장이 무얼 의미하는지 누구나 안다고 말할 거예요. 또한 이 문장이 하나의 의미를 지니고 있다고 할 거예요. 하지만 그렇지 않아요. 이 문장조차 문장을 듣거나 쓰거나 말한 사람과 무관하게 의미를 지니지는 못해요. 즉, 인간의 연관 속에서만 해명될 수 있는 맥락과 무관하지 않다는 말이에요. 앞에 제

시했던 문장을 듣고 다음과 같은 질문을 한다고 해보죠.

"그 문장이 무슨 의미입니까?"

이 질문을 진지하게 듣고 그 문장의 의미를 말하고 싶어하는 사람이라면 틀림없이 하나의 이야기를 할 거예요. 여기에서 여러 가지 변형이 생깁니다. 제가 뉴욕의 어느 신호등 앞에서 겪은 체험과 관련하여 벤트 씨가 말한 것과 꼭 같아요.

우리는 '아이가 공을 던진다'와 같은 문장에 대해 무한히 많은 이야기를 만들어낼 수 있어요. 가장 극적으로는 비밀정보원이 나오는 범죄영화의 예가 있을 거예요. 그런 영화에서는 '아이가 공을 던진다'는 문장이 "오늘은 안 돼"라는 뜻을 지니는 일종의 암호 역할을 할 수 있죠. 비밀정보원에게 그런 의미로 쓰일 수 있다는 말이에요. 또한 누구나 무수히 많은 다른 이야기들을 머릿속에 가지고 있을 거예요. 그런 이야기들 없이는 설명이 안 됩니다.

이는 물론 이 문장 자체 또는 심지어 이 단락이나 이 책 전체가 텍스트로서 절대적인 의미를 갖고 있지 않다는 것을 의미해요. 의미는 그것을 읽고 지각하고 받아들이는 사람에 의해 생성되니까요.

G: 그러나 그 모든 것이 방금 묘사하신 것처럼 그렇게 자의적이라면, 우리가 대체 서로를 어떻게 이해할 수 있다는 말입니까?

J: 그런가요? 우리는 왜 서로 이해할까요? 그 대답은 이렇습니다. 우리 모두 이 세상 속의 인간이라는 경험을 가지고 있고, 그것은 우리가 인간의 기본경험에서 공통점을 대단히 많이 갖고 있다는 것을 의미합니다.

우리 모두는 우리 역사의 결과물이에요. 모든 존재는 그 역사의 결과물이죠. 그러나 우리는 서로 완전히 이해할 수 없어요. 우리 모두 다른 역사를 가지고 있기 때문이에요. 각각의 인간은 특수한 경우이고, 각각의 인간 역사는 독립적이고 아주 특별한 역사예요. 그럼에도 우리는 서로 이해할 수 있어요. 우리가 우리 역사의 어떤 부분을 서로 공유하기 때문이죠.

인간들은 모두 똑같은 생물학적 욕구를 갖고 있어요. 그리고 모두 어머니에게서 태어났고, 어머니나 부모로부터 분리되는 과제를 해결해야 했어요. 제가 말하는 것은 육체적인 분리만이 아니라 정신적인 분리도 포함됩니다. 간단한 과제는 아니에요. 어쨌든 우리 공통의 역사는 이렇게 시작됩니다.

그 다음으로 우리가 사회화되면, 차이점들이 결정체처럼 만들어집니다. 그리고 우리는 점점 더 서로 구별되기 시작하죠. 독일인 또는 미국인으로 사회화되는 거예요. 하지만 대부분 어떤 공통적인 세계에서 살아갑니다. 그 세계는 케임브리지, 매사추세츠 또는 베를린일 수 있어요. 우리는 서로 연결되는 경험들을 갖고 있죠. 하지만 절대적이지는 않아요.

미국인이든 독일인이든 소위 서양의 인간들이 살아온 삶의 역사는, 사회화가 아주 다르게 진행된 미국인과 일본인의 역사보다 서로 훨씬 비슷해요. 그러나 서양의 인간들이 서로 소통할 수 없는 영역도 존재하죠.

미국에서 한 어린아이의 사회화는 예컨대 아이가 총체적으로 속수무책 상태에 있고 또 부모에게 의존하고 있다는 전제를 토대로 하고 있어요. 여기에서 어린아이가 가능한 한 빨리 독립적이 되어야 한다는 교육의 목표가 나옵니다.

　　일본의 경우 이것은 정반대예요. 일본에서 갓난아기는 모든 사회적 구속으로부터 완전히 무관하고 자유롭다고 여겨집니다. 그래서 교육의 목표는 이러한 내적 결합을 만들어내는 데 있어요. 따라서 인생 단계는 같더라도 미국과 일본에서의 해석은 완전히 다릅니다.

　　그러나 이것이 일본인은 자기의 인생과 아이의 삶에 대해 어떤 의미심장한 것을 말할 수 없다는 것을 뜻하지는 않아요. 또한 제가 이해를 잘 못해서 이성적으로 답변할 수 없다는 것도 아니에요. 저는 그렇게 할 수 있어요. 하지만 예컨대 어떤 교육이 일본인의 아들이나 딸에게 적합한지는 제가 판단할 수 없어요. 가령 아이들이 대학을 다녀야 할지의 여부를 결정할 수 없다는 말이에요. 저는 그것을 판단할 수 없어요. 제가 일본인으로 사회화되지 않았기 때문이죠. 저는 일본인의 상황을 원래의 의미에서, 즉 엄격한 의미에서는 이해할 수 없어요. 저의 이해는 특정한 차원을 넘어서지 못해요. 따라서 충고를 삼가야 합니다. 제가 개입하려고 하면 안 돼요.

　　이제 컴퓨터 문제로 돌아갈게요. 저는 컴퓨터가 '이해' 할 수 없다고 말하겠어요. 컴퓨터가 세상과 그 어떤 의미론적인 연결을 받아들이지 못하기 때문이에요. 컴퓨터에서는 모든 게 추상적이죠. 컴퓨터에서는 비트나 전자들이 이리저리 바쁘게 돌아다닙니다. 이것들이 무엇을 의미하는지 컴퓨터는 알지 못해요. 컴퓨터는 그것에 개의치 않죠. 심지어는 컴퓨터가 그런 것에 전혀 신경을 쓰지 않는다고 말할 수도 있어요.

　　저는 로봇을 만들어냄으로써 이런 문제를 바로잡을 수 있다는 이의 제기를 받은 바 있어요. 주변과 인간적인 관계를 발전시켜 인간의 의미 도구 전체를 마음대로 다루는 로봇 말이에요. 그러니까 감지하고 손으로 더듬고 보고 들을 수 있는 로봇을 만들면 된다는 말이죠.

로봇을 단지 일정한 시간 동안 한 공간에 머물게 하는 게 아니라면, 그중 몇 개를 모아 공통의 역사를 만들어낼 수 있을지도 모르지요. 그럴 경우 역사도 실험도 또 그로부터 발생하는 변화도 프로그램화되지는 못할 거예요. 예전에는 오직 가능성들만 프로그램화되었어요. 하지만 변화 자체, 즉 그러한 로봇이 가질 수 있는 체험은 프로그램화되지 않았죠. 이런 생각까지 한다면, 세상의 사물, 어쨌든 로봇 세상의 사물들과 로봇의 의미론적인 연결을 인정해야 해요. 이로써 로봇은 역사를, 그 자신의 역사를, 그 자신의 자의식을 갖게 되는 거예요.

G: 그렇게 되면 인간－기계의 관계에 있어서 어떤 필연적인 결과를 낳게 될까요?

J: 궁극적으로는 어떤 결과도 낳지 못할 거예요. 고도로 발전한 로봇들 역시 그 어떤 인간적인 체험의 배경을 갖지 못할 테니까요. 로봇이 아무리 인간과 비슷하게 움직이고 심지어 그렇게 행동한다 하더라도, 로봇은 우리 인간과는 완전히 다른 역사를 가지고 있어요. 로봇이나 컴퓨터는 우리 인간들의 문장을 간단한 언어적 의미에서 분석할 수 있을 겁니다. 하지만 우리 인간들의 문장을 제대로 해석해낼 수는 없을 거예요. 우리와 같은 사회화를 통해 인

생 경험을 쌓아가지는 못할 테니까요.

공통의 기본 경험이 없다는 것 외에 제가 '이해하기' 의 주제와 연관하여 꼭 말하고 싶은 또 다른 중요한 논점은, 우리가 하는 대부분의 대화, 즉 우리가 실행하는 대부분의 텍스트 처리가 아주 좁은 맥락에서 움직인다는 점이에요.

'병원' 이라는 단어를 예로 들어보겠습니다. 누군가가 이 단어만 말한다면 무슨 의미일까요? 그래요. 또다시 상황에 달려 있어요. 제가 어떤 임산부와 함께 택시를 타고 운전기사에게 급히 '병원' 에 가자고 말한다면, 운전기사는 그 말의 의미를 아주 정확히 알아들을 거예요. 하지만 제가 지하철에 앉아 갑자기 다른 사람도 들을 수 있을 정도로 크게 혼잣말로 '병원' 이라고 말한다면, 사람들은 무슨 말인지 이해하지 못한 채 저를 바라볼 겁니다. 그 말이 무슨 뜻인지 감을 잡지 못하기 때문이에요.

서구 세계에서 관찰할 수 있는 어떤 광경이 기억나네요. 파리나 로마나 뉴욕에서 고급 호텔에 들어간다면, 호텔의 지배인이 17개국 언어를 이해하는 것처럼 보입니다. 제가 파리의 어느 고급 호텔에서 지배인에게 독일어로 이렇게 말한다고 가정합시다.

"옷깃 단추를 잃어버렸는데, 늦어도 오늘 저녁 8시에는 그게 필요해요. 오페라에 가야 하거든요."

지배인은 이 말을 이해할 겁니다. 그러나 독일의 정치에 대해 이야기하거나, 프로이트가 유년기에 대해 어떻게 말했는지 등 심리학에 대해 이야기하기 시작한다면, 지배인은 놀라고 어이없어 할 거예요. 그러고는 무슨 말인지 전혀 이해하지 못할 겁니다. 즉, 지배인이 들어줄 수 있는 부탁은, 그가 호텔에서 일하고 있기 때문에 대단히 좁게 규정된 아주 특정한 영역 내의 사항이라는 말이에요. 만약 병원에서 일하고 있다면 다를 거예요. 기차역이나 공항에서 일하고 있다면 또 다르겠죠.

우리 인간은 서로 이해합니다. 우리가 하는 대부분의 대화가 시의적절하거나 우리가 공유하는 기본 경험에 토대를 두고 있기 때문이에요. 간단히 말하면 우리가 인간이기 때문이죠. 예컨대 제가 '외로움'이라는 단어를 말한다면, 무슨 말을 하는지 이해하실 겁니다. 설령 외로움에 대한 벤트 씨의 개념이 저의 개념과 현저히 다를지라도 말이에요.

G: 우리 인간들이 모든 사람에게 동일하거나 비슷한 경험이라는 기본 장비를 갖추고 있다 하더라도, 그것이 이해를 위한 전제를 제공하기는 하지만 보장을 의미하지는 않습니다.

J: 보장이란 없습니다. 오히려 우리 인간들이 서로를 절대적으로 이해할 수 있는 것은 아니라는 점은 보장할 수 있어요. 사실이 그렇고, 그게 좋습니다! 우리 모두가 같은 역사를 가진다면 참으로 지루할 거예요. 우리는 차이가 있기 때문에 서로 이야기를 나누는 겁니다.

이런 생각이 떠오르는군요. 제가 어느 레스토랑에 앉아 있고, 제 주위에는 서로 이야기하는 사람들이 있어요. 그리고 길거리에서 서로 이야기를 나누는 사람들도 보여요. 그리고 여기 이 건물에도 서로 이야기하는 사람들이 있어요. 그렇다면 지금 이 순간 알 수 없는 얼마나 많은 대화들이 이루어지고 있는지 궁금합니다. 수

백만 건일지 수십억 건일지 말이에요. 저는 이런 일이 이미 얼마나 오랫동안 있어왔는지 곰곰이 생각해봅니다. 수천 년 동안 우리는 늘 서로 무언가를 말해야 했어요!

말하자면 우리가 여태 '말을 끝내지' 못했다는 게 정말 놀랍습니다! 이 문제를 좀 진지하게 생각해봅시다. 어쨌든 잠깐만이라도 말입니다. 그것은 왜 그럴까? 그것은 우리가 죽어야 한다는 사실과 관련이 있거나, 심지어는 그 사실의 결과일 거예요. 우리는 세계를 계속 새로 형성해야 하고, 그 때문에 오늘의 세계는 어제의 세계와 다를 겁니다. 이것은 흥미로운 일이에요. 그래서 그것에 관해 이야기하는 거예요.

G: 그럼 어쨌든 계속 이야기하게 되겠네요.

J: 우리는 계속 이야기합니다. 싱어(Isaac Bashevis Singer)[1]가 떠오릅니다. 저는 수년 전 어떤 모임에서 그를 한 번 본 적이 있어요. 그는 경탄할 만한 노인이었어요. 그가 무언가를 이야기했는데, 정말 꿈만 같았어요. 그의 책들도 몽환적이에요. 그러나 싱어가 말하는 걸 듣는 것은 훨씬 큰 즐거움이었죠.

그의 강연에 이어서 누군가가 그 당시 제 생각으로는 바보 같은 질문을 했어요. 싱어에게 그런 질문을 한다는 것이 제겐 약간 곤혹스러웠어요. 싱어는 유대어로 글을 썼는데, 질문의 내용은 그

---

[1] 노벨문학상을 받은 폴란드 유대인 출신의 미국 작가.

에 관한 것이었죠.

"죽어가는 언어로 글을 쓴다는 건 어떤 느낌일까요?"

싱어의 답변은 무척 현명했어요.

"200년 전에 유대어는 벌써 죽어가는 언어였습니다. 유대어는 오늘날 죽어가는 언어이고, 또 앞으로 아주 오랫동안 죽어가는 언어로 남을 겁니다."

이것은 우리가 무엇에 대해 이야기하는가와 관련이 있어요. 우리는 죽어가는 언어로 말하고 있어요. 죽어가지 않는 언어로 말한다는 게 불가능하다고까지 말할 수 있어요. 죽어가는 언어는 늘 새로 태어납니다. 그것이 매력적이죠. 이것은 우리가 거의 의식하지 못한 채 함께하는 모험이에요.

가상적, 상대적, 카오스적

G: 가상적인 대화는 어떤 가능성을 제공합니까? '가상적'이라는 개념은 이미 얼마 전부터 여러 맥락 속에서 등장했는데, 컴퓨터와 관련 있는 것만은 아닙니다.

J: "저는 가상적으로 존재했습니다."

"우리는 가상적인 대화를 했습니다."

이런 말들이 나오고, 때로는 이에 대해 농담을 합니다. 그러나 전혀 농담으로 한 말이 아닐지 몰라요. 이런 말은 예전에도 있었지만 특히 20세기 후반에 자주 관찰할 수 있었던 현상인 것 같아요. 프라이부르크대학의 문예학 교수 푀르크센(Uwe Pörksen)이 10여 년 전 《플라스틱 낱말*Plastikwörter*》에서 이 현상에 대해 분석했어요. 과학 또는 기술 분야는— '파국(catastrophe)'이라는 단어처럼—일상어로부터 낱말을 넘겨받아 과학적 목적을 위해 사용하고 있어요. 즉, 일상어가 과학적 영역과 연관되면서 특별한 의미를 갖게 된다는 말이에요.

이는 오늘날 의사소통 매체들의 특성과 관련이 있는 것 같아요. 하지만 과학이 누리는 특권과도 연관이 있는 게 확실해요. 매체

들이 과학 분야의 새로운 일들을 보고할 때, 훨씬 넓은 다른 소통의
틀에서 사용되는 낱말 또한 이전하는 경우에 말이에요. 이런 식으
로 한 낱말이 슬쩍 들어가—어쩌면 '슬쩍 들어가다' 라는 말로는 적
합하지 않을지 모르겠어요. 그것은 결코 천천히 진행되는 과정이
아니니까요—그러니까 좀더 잘 표현하자면 일반언어 속으로 질주
해 들어가는 거예요. 그렇게 되면 그 낱말이 과학적 맥락 속에서 쓰
였던 대단히 특수하고 좁은 의미가 사라지고 맙니다. 여기서 이 낱
말의 진짜 의미가 무엇인지 이해하려면 알고 있는 게 무척 많아야
해요.

하지만 이러한 의미 상실은 단순하게 잃는 게 아니라 이중적
인 상실을 뜻해요. 과학에서 다시 일반언어로 이전하는 동안 이 낱
말이 예전에 일반언어로서 지녔던 아주 특별한 의미를 안타깝게도
잃어버리는 거예요. 그리고 유행어가 되는 거죠. 그 결과, 사람들
은 이 낱말을 일상적인 대화에서 사용하면 어떤 지적인 특권을 잃어
버리기라도 한 것처럼 행동합니다.

'가상적' 이라는 낱말은 지난 10~15년 동안 이런 과정을 거
쳤어요. 이런 종류의 이전은 점점 더 빨리 진행된답니다. 제가 이와
연관하여 기억할 수 있는 최초의 사례는 '상대성' 개념이에요.
1920년대 초, 아인슈타인과 연관되는 이 낱말이 그러한 운명에 맞
닥뜨렸어요. 당시 아인슈타인과 그의 과학은 '모든 것' 이 상대적임
을 입증했다고 선포했어요. '모든 것' 에 대한 강조는 또한 어떤 절
대적인 가치란 없다는 말이기도 하다는 것을 의미했죠. 그러니까
어떤 보편적인 계명이란 있을 수 없었죠. 이것으로 이 낱말은 본래
의도하지 않았고—어쨌든 아인슈타인이 의도한 것은 확실히 아니

에요—결과적으로 완전히 평가절하됨으로써 쓸모없게 된 의미를 받아들였어요.

'가상적(virtually)' 이라는 개념의 경우도 이와 유사해요. 이 낱말이 얼마 전만 해도 영어에서 어떻게 사용되었는지는 다음의 예를 보면 알 수 있을 거예요. 제가 산책을 묘사하며 "밤이나 다름없었다(It was virtually night)"라고 말한다면, 그것은 예전에는 다음의 내용을 의미했어요. 즉 비록 밤은 아니었지만, 밤과 연결되는 모든 속성들이 존재했다는 의미였죠. '비록 밤은 아니었지만' 이라는 문장으로 시작해야 한다는 것을 인식한다는 것은 대단히 중요해요. 'A는 B나 다름없다' 라고 말한다면, 이것은 적어도 A는 B가 아니라고 주장하는 거예요. 그것은 다른 것이죠.

G: 그것이 항상 전제일까요?

J: 그렇습니다. 그것이 이 낱말에 대한 전제여야 해요. 그것을 독일어로 '마치 ~처럼(als ob)' 이라고 옮길 수 있을 거예요. 마치 밤인 것 같았다는 거죠. 그리고 그것은 밤이 아니었음을 의미해요. 이것에 관해 명확히 하는 것이 기본 전제예요.

그런 다음에 비로소 두번째 의미가 사용됩니다. 그러니까 장차 언급될 목적을 위해 마치 밤 같았다는 것이죠. 이 목적을 위해, 이 목적에 속하고 밤과 관련 있는 모든 속성들이 존재했어요. '가상적' 이라는 낱말은 목적과 밀접하게 연관됩니다. 이것을 독일어로 다르게 옮기면 '사실상(praktisch)' 이라는 말이 될 수 있어요. 사실상 밤이었다는 말이에요. 다시 한번 '사실상' 이라고 말한다면, 전적으로는 아니지만 우리가 이제 말하는 실제에 있어서는 '마치 ~처럼' 그러했다는 것을 말해요.

G: '거의 ~와 같다' 라는 의미군요.

J: 그렇습니다. 그러니까 이런 말이라고 볼 수 있어요.

"해변에서 어떤 여자를 보았어. 그녀는 거의 발가벗은 것과 같았어."

그러면 누군가는 제가 발가벗은 여자에 대해 말한다고 생각할 거예요. 제가 영어로 "해변에서 어느 여자를 보았어. 그녀는 사실상 발가벗은 것이나 같았어(I saw a woman on the beach. She was virtually naked)"라고 말한다면, 마찬가지로 누군가는 그 여자가 옷을 전혀 입지 않았다고 상상할 겁니다. 이것이 낱말 '사실상'에 들어 있는 의미예요.

오늘날 사람들이 서로 "우리는 사실상 대화를 했다"고 말한다면, 이는 때때로 농담일 거예요. 생각해 보세요. '사실상' 대화를 한다는 게 대체 뭘까요?

예컨대 '가상공간(virtual space)'에 대해 말들을 합니다. 통속문학에서는 사람들이 정말로 이러한 가상공간을 돌아다닐 수 있다고 강조합니다. 마치 사람들이 그러한 공간에 있기라도 한 것처럼 말이에요. 미래에는 사람들이 '가상적으로' 존재할 수 있기 때문에 실제로 더 이상 그 어떤 곳으로 갈 필요가 없을 거라고 쓴 책들도 대단히 많아요. 그 말의 의도는 또다시 '모든 사실상의 목적을 위해서(for all practical purposes)' 라는 것이에요. 거기에는 어떤 것이 간과되어 있어요. 어떤 것이 누락될 수밖에 없다는 말이에요.

저는 이 말이 거의 본질적인 것들을 생략하는 훈련으로 이어진다고 생각해요. 그 속에 숨겨져 있는 조작의 계기를 정말로 의식해야 해요. '훈련(Training)'이라는 단어에 대한 예를 하나 들고 싶네요. 저는 자주 비행기를 타고 유럽과 미국을 돌아다닙니다. 저처럼 비행기를 많이 타는 사람들은 가령 "안전벨트를 매시기 바랍니다"처럼 어떤 계기판에 불이 들어오거나 나갈 때마다 벨소리가 작게 울린다는 것을 알 거예요. 그 벨소리는 통지의 내용이 바뀌었음을 주목하게 하죠. 저는 이제 저 위 공중에서 파블로프의 개처럼 앉아 있어요. 벨소리가 들리면 저는 즉각 위쪽을 바라봅니다. '어떤 통지 계기판에 불이 켜지거나 꺼졌을까?' 하면서 말이에요.

때로는 승무원을 부르는 승객들이 벨을 작동시키는 경우도 있어요. 그런데도 저는 위쪽을 바라봅니다. 저는 다른 승객들도 저처럼 한다는 것을 관찰했어요. 그리고 그렇게 하는 승객들은 거의 남자들뿐이에요. 자주 비행기를 타고 다녀서 그렇게 훈련이 된 사업가들이죠. 이처럼 아주 특수한 의미로 쓰이는 '훈련'의 개념이 머리에 떠올랐어요. 누군가가 이러한 훈련을 의도하면서 계획적으로 어딘가에 앉아 있는 것은 아니지만, 그럼에도 이 개념은 존재할 뿐 아니라 대단히 효력이 큽니다.

저는 언어가 빈곤해지고 평가절하되고 있다고 생각하지만, 실제로는 현실이 평가절하되고 있는 것인지도 몰라요. 특수한 것에서 보편적인 것을 끌어내어 일반화할 수는 있어요. 그런데 이것은 또한 많은 일들을 제쳐둔다는 것을 의미하기도 하죠. 그리고 겉으로는 어떤 본질적인 것이 없어지지 않아요. 이것은 세계를 점점 더 추상적으로 느끼고 지각하며 명목상 중요하지 않은 많은 일들을 생략하는 훈련의 일종이에요.

G : '가상적'이라는 개념이 특정한 목적과 관련 있다고 방금 말씀하셨는데요. 사람들은 어떤 것을 관찰하기 위해 아마도 그 개념을 조건부로 적용하고 있을 겁니다. 그러면서 그러한 관찰을 목적으로 비본질적인 것들은 생략해버리죠.

J : 비행기의 기체역학을 풍동(wind tunnel)[1]으로 조사해야 할 경우, 비행기의 색깔은 아무런 역할을 하지 못합니다. 따라서 비행기의 색깔은 생략할 수 있어요. 두 개의 비행물체 중 하나는 검은색이고 다른 하나는 빨간색일지라도 두 비행물체는 말하자면 '사실상' 동일해요. 특정 목적의 관점에서 볼 때 그렇다는 말이에요. 그러나 다른 목적에서 볼 때는 그렇지 않아요.

저는 우리가 그러한 표현방식과 낱말에 익숙해져 있다고 생각해요. 우리가 원하든 아니든, 그것은 명백히 존재하고, 말하자면 우리의 눈에 띄는 변수만이 중요한 세계 지각에 순응하는 형태이기도 해요. 그 밖의 다른 것은 모두 중요하지 않아요.

G : 그것을 '상대성'의 예로 옮겨 제 삶에 적용한다면, '책임'과 같은 개념이 탈락한다는 것을 뜻합니다.

---

[1] 인공으로 바람을 일으켜 기류가 물체에 미치는 작용이나 영향을 실험하는 터널형 장치.

J: 옳은 말씀입니다. 하지만 그것은—누구나 동의하겠지만—아인슈타인이 의도하고 원했던 것이 아니에요. 아인슈타인의 상대성이론과는 전혀 관련이 없죠. 언어 오용의 결과일 뿐이에요. 하지만 책임의식이 인간에게서 사라지는 것에 대한 전적인 책임이 언어 오용에만 있는 것은 아니라는 점을 덧붙여야겠네요. 어쨌든 언어 오용은 사회가 움직이는 방향으로 가고 있어요.

저는 언어의 건전한 사용—저는 '건전한'이라는 낱말을 '건전한 불신'이라는 표현에서 사용되는 의미와 같다고 이해하고 있어요—이 책임 상실의 위험을 막을 거라고 생각해요. 그러기 위해서는 물론 다음의 사실도 즉각 깨달아야 해요. 건전한 언어 사용만으로는 책임을 느껴야 하는 곳에서 누구나 책임을 느끼게 하지 못한다는 거예요. 그럼에도 건전한 언어 사용은 대단히 중요한 요소예요. 어쩌면 이는 사회의 타락 정도를 알 수 있는 척도이기도 해요. 건전하게 말할 수 있는 사회에 대해 사람들은 아마도 두려움을 가질 거예요.

G: 사회가 '가상' 개념을 사용하는 방식이 그 사회에 대해 결정적으로 중요한 어떤 것을 말해줍니다.

J: 보다 정확히 말하면, 사회가 그 개념을 너무 오용하고 있어요. 한편으로 그것은 완전히 자동적으로 이루어져요. 그리고 다른 한편으로는 인간들이 그것을 너무 열광적으로 사용하고 있는 것처럼 보여요.

G: 몇 년 전에 본 영화가 있습니다. 교수님과 마빈 민스키 교수님 사이의 '가상 대화'를 보여준 영화였죠. 그 영화에서는 서로 상관없이 별도로 이루어진 두 분의 인터뷰를 서로 상응하는 특정한 핵심어를 이용해 편집했습니다. 두 분이 서로 직접 반응하는 것은 아닐지라도, 한 분이 상대방에 대해 반응하는 것처럼 보였습니다. 그 아이디어는 아주 기지가 넘쳤지만, '대화'와는 아무런 관련이 없습니다.

J: 제가 민스키 교수에 대한 글을 많이 읽었고 그분의 아이디어를 지각했다는 것은 사실이에요. 그리고 그분도 저에 관한 글을 많이 읽었고 제 아이디어를 지각했을 거예요. 뿐만 아니라 민스키 교수와 저는 실제로 종종 이야기를 나누었어요. 그러니까 지금 우리가 말하고 있는 것처럼 이념들이 언제 어디서도 실제로 만나지 못한 것과 같은 그런 상황은 아니에요. 그러나 말씀하시는 '대화', 즉 우리 두 사람이 참석하지 않은 이러한 '만남'은 어쨌든 실제의 만남은 아니죠. "밤이나 다름없었다." 이것은 밤이 아니었음을 의미해요. 우리의 예에서 이제 다음과 같은 결론을 끌어낼 수 있어요. 가상 대화는 그것이 아무리 늘 있다 하더라도 대화가 아니에요.

민스키 교수가 무언가를 말하는 영화를 제가 본다면, 그것만으로도 대화에 좀더 가까워질 거예요. 영화가 끝나면 저는 그 영화에 대해 의견을 말할 수 있을 거고요. 제가 그 영화에 대해 반응을 보일 수 있다는 말이에요. 그것이 대화에 좀더 가까울 테지만, 물론 그것 역시 인간들 사이의 대화는 아니에요. 인간들 사이의 대화에서는 제가 무언가를 말하면, 대화 상대가 처한 상황을 변화시킬 것이기 때문이에요. 그리고 그 반대의 경우도 가능하죠. 그렇지 않으면 그것은 대화가 아니에요. 인간과 인간의 만남이 아니죠.

너무도 많은 사람들이 이를 간단히 받아들인다는 게 우리 시대를 보여주는 징후예요. 이 방에서 민스키와 바이첸바움의 가상 대화를 볼 수 있다고 사람들에게 말한다면, 아무도 "그래? 잠깐, 그런데 그들은 여기 없잖아."라고 말하지 않을 거예요. '가상 대화'라는 말을 쓰는 게 아주 당연하게 되었어요. 그것도 단기간 내에 말이에요.

조금 전에 '파국'이라는 낱말을 언급했죠. 벌써 20년도 더 지난 것 같은데, 응용수학에 소위 '파국이론(catastrophe theory)'이 등장했어요. 이 이론은 특정한 분야에서 순전히 형식적인 의미를 지녔어요. 이 의미는 '파국'의 통상적인 개념과는 전혀 상관없는 것이나 다름없었어요. 이 개념 역시 유행어가 되었죠. 지금은 더 이상 파국 이론을 기억하는 사람들이 많지 않을 게 분명해요. 이 낱말은 나타났다가 사라졌고, 그 영향이 오래 지속되지 않았으니까요. 뿐만 아니라 이것 역시 그 낱말이 실제로 의미가 없었다는 것을 증명해요.

얼마 전부터 '카오스(chaos)' 역시 그런 개념이 되고 있어요. 예를 들어볼게요. MIT의 동료 한 사람이 아주 특별한 목적에 쓰일 컴퓨터를 만들었어요. 일종의 플라네타리움(planetarium)[2]이었죠. 이 컴퓨터는 별과 행성의 궤도를 모방하는 것 말고는 다른 어떤 것도 할 수 없었어요. 다만 본래 목적을 위해 쓰일 때는 무척 빠른 계산 능력을 보여주었는데, 심지어 최고 수준의 슈퍼컴퓨터가 할 수 있는 것보다 훨씬 빨리 계산했어요.

[2] 반구형의 천장에 설치된 스크린에 달, 태양, 항성, 행성 따위의 천체를 투영하는 장치.

그렇게 해서 제 동료는 행성의 궤도를 뒤로는 1000만 년 전까지, 앞으로는 1억 년 후까지 계산으로 풀었어요. 이때 그는 다음과 같은 것을 알아냈죠. 초기 변수—사람들이 계산하기 시작한 숫자—를 아주 조금만 바꾼다면, 수백만 년 뒤 하늘은 초기 변수를 전혀 바꾸지 않았을 때 보이는 것과는 완전히 다를 거라는 사실을 말이에요. 이러한 현상을 카오스라고 불렀어요. 그러니까 처음에 이루어진 아주 작은 변화가 나중에 엄청 커다란 변화를 야기한다는 것에 대한 관찰이에요.

1965년, 카오스 개념을 처음으로 응용한 사람이 MIT의 기상학 교수 로렌츠(Edward N. Lorenz)였어요. 그에게서 나온 진술은 여러 번 바뀌었죠. 그 첫 진술의 내용은 이러했어요.

"아마존 원시림에 있는 나비의 날갯짓이 유럽에 허리케인을 불러일으킬 수 있다."

이는 오늘날 '나비 효과(Butterfly Effect)'라고 불리고 있죠. 이 기상학자에게는 약간의 변화가 중요했어요. 하지만 어떤 작은 변화가 어디에서 완전히 다른 어떤 것을 야기했거나 언젠가 야기할지는 결코 알 수 없어요. 그런데 당시 신문에는 이런 제목의 기사가 나왔죠.

"MIT 교수, 우주가 무질서하다는 것을 증명하다."

그 기사에 따르면 MIT의 일개 교수가 우주 전체가 무질서하다는 것을 입증한 게 됩니다. 그러자 독자 편지가 봇물 터지듯 쏟아졌죠. 그 취지는 이러했어요.

"그렇다면 행실이 바르다거나 인생을 계획한다거나 자신의 삶 또는 정치에 어떻게든 질서를 부여한다는 게 대체 무슨 의미가 있나요? 우주가 무질서하다는 것을 알고 있는 지금 말입니다.”

그것은 명백히 오해였어요. 하지만 ‘카오스적(chaotic)’ 이라는 단어는 한동안 일반적으로 이처럼 잘못 사용되었다고 말할 수 있어요. 그러고 나서 이 낱말의 오용은 제가 방금 언급한 의미에서 ‘파국’ 이라는 낱말과 마찬가지로 금세 사라졌어요. 어쨌든 여기에서 제가 유감스러워하는 것은 기술 분야에 종사하는 많은 사람들이 이 단어를 그냥 쉽게 받아들였다는 점이에요.

G: 그것이 ‘가상적’ 이라는 개념과 함께 생긴다고 생각하십니까?

J: 그런 일은 이미 일어났어요. 물론 까무러칠 정도의 일은 아니었지만, 어쨌든 그 개념과 관련된 몇몇 현상은 정말 놀랍다고 할 수 있어요. 그중 하나는 예컨대 컴퓨터 시뮬레이션과 같은 특정한 영역 내에서 아주 사소한 발전—저는 그 발전을 결코 진보라고 칭하지 않겠어요—이 처음에는 일반화되고 그 다음에는 정신적인 건물 전체의 주춧돌처럼 사용되는 데서 볼 수 있어요. 그 과정이 거의 폭발적으로 진행되거든요.

예컨대 ‘가상현실(virtual reality)’ 현실 속에서 움직이는 경험이 인간의 의식을 변화시킬 거라는 주장들이 나오고 있어요. 이 주장에 따르면 우리가 완전히 새로운 세계를 만들어낸 뒤 그곳으로 이주하게 되면 오늘날과는 전혀 다르게 생각하게 될 거라는 거예요. 그렇게 될 뿐만 아니라, 그렇게 되어야 한다는 것입니다. 정말 말도 안 되는 소리예요.

한 100년쯤 되었을까, 얼마나 오래된 이야기인지 모르겠지만, 후디니(Houdini)라는 위대한 마술사가 있었어요. 그는 가능해 보이는 것은 물론이고 불가능해 보이는 것까지도 모두 해낼 수 있었어요. 물론 모든 것은 착각이었죠. 그 당시 누군가가 "후디니라면 모든 것이 가능하다는 것을 보는 지금, 우리는 우리의 모든 생각을 바꾸어야 합니다. 모든 것은 다르게 됩니다. 생각을 근본적으로 바꾸어야 합니다."라고 말했다면, 그것 역시 마찬가지로 순전히 말도 안 되는 소리였을 거예요.

인간이 실제로 가상공간에서 움직이는 실험들이 오늘날 이미 존재한다는 생각은, 실제로 그곳에 있었다는 착각과 함께 광범위하게 존재할 뿐만 아니라 상당히 널리 퍼져 있어요. 그러므로 가상현실을 구현하는 전기 장갑—이러한 장갑은 이미 있어요. 그러나 '머리에 장착하는 디스플레이'와 연관하여 보더라도 아주 원시적인 수준이죠—과 양복이 있어서 우리의 몸이 가상세계에서도 보이고 움직일 것이라는 예언을 잘 살펴봐야 해요. 심지어 가상 '현실'의 시각적·청각적 피드백이 보존될 뿐만 아니라, 그것을 감지하고 느끼고 냄새 맡을 수 있다고까지 말하고 있어요. 그러니까 우리의 모든 감각기관을 통해 가상세계를 경험할 수 있게 된다는 말이에요.

이 모든 것이 이미 오래전부터 존재했던 것처럼, 그리고 누구나 그것에 접근하는 데 더 이상 오래 걸리지 않을 것처럼 말하는 것은 오늘날 아주 당연하다고 여겨지고 있어요. 이로써 전세계가 달라질 거라고 말하고 있죠. 그중에서도 특히 '가상 섹스(virtual sex)'가 이미 언급되고 있어요. 이처럼 새로운 가상 '체험 공간'에서 새로운 '체험 방법'을 통해, 가능하고 불가능한 모든 세계가 만들어질 수 있다고 해요. 그렇게 되면 일반적으로 가능한 모든 경험

뿐만 아니라, 심지어 도대체 불가능한 경험들마저 만들 수 있게 되겠죠. 삶의 의식이 변하는 것은 불가피하다고 말합니다. 각각의 인간에게 말이에요!

저는 가상 만남이라는 환상이 실현될 수도 없고 또 우리의 생각을 결정적으로 변화시킬 수도 없다고 확신해요. 그러나 이러한 환상 자체는 우리에 관한 어떤 것을 진술하고 있어요. 즉, 우리가 이러한 환상을 가지고 있다는 것, 다시 말해 이러한 환상이 지지받고 전달되고 고려된다는 것은 그것이 우리 세계에 영향을 미칠 수 있음을 의미해요. 말할 필요도 없이 건전한 영향은 아닐 테지만 말이에요.

G: 가상 대화란 결국 실제 대화를 정리하고 축소하고 오해하는 과정일지도 모릅니다.

J: 저는 그것을 정리라고 부르지 않겠어요. 정리란 제가 전체에서 한 부분을 사용하고, 그 다음에 이 부분의 한 부분을, 그리고 나서 다시 그 부분의 한 부분을 사용할 때 쓰는 말이에요. 저는 사안들을 생략함으로써 어떤 것을 정리합니다. 하지만 제가 내주지 않고 간직하는 것은 여전히 원본의 한 조각이에요.

실제로 관련이 없어 보이는 두 개의 필름과 배우들을 서로 연결한다면, 그것은 정리가 아니에요. 정리는 분석의 한 부분이에요. 그러나 우리가 가상 대화라는 것에서 하고 있는 일은 합성이에요. 어떤 것이 합성으로 만들어졌어요. 그리고 그것은 실제로는 존재하지 않는 어떤 것이죠.

경험의 가치에 대하여

J: 《타임》지의 오래전 보도가 기억납니다. 이런 기사였죠. "미국의 외무부장관이 제2차 세계대전 후 소련 대사와 같은 기차 칸에 앉아 있었다." 《타임》은 이제 두 사람이 무슨 말을 주고받았는지 보고합니다. 그것도 이런 식으로 말이에요. "그러자 덜러스가 목청을 높여 말했다. (……) 하지만 몰로토프의 반응에서는 그가 동의한다는 것을 읽을 수 없었다."

그렇다면 《타임》에 묻지 않을 수 없네요. "그때 그 자리에 함께 있었나요? 그것을 보았나요? 그것을 들었나요?" 물론 《타임》 기자들은 함께 있지 않았어요. 그러나 그들은 마치 자기들이 벽에 붙은 파리처럼 정말로 그 이야기를 엿듣기라도 한 듯이 그렇게 보고했어요.

오늘날이라면 이것을 어떻게 말할까요? '가상 보고'라고 할까요, 아니면 '가상 관찰'이라고 할까요? 그것은 '가상 대화'였을까요? '모든 사실상의 목적을 위해' 대화는 그랬다고 말하고 있어요. 실제로 그러했는지 아닌지는 다른 문제예요. 이때 다음의 사항을 염두에 두어야 해요. 누군가가 사실상의 목적을 위해 '그것은 마치 ~인 것 같았어' 라고 말한다면, 그렇게 말한 사람은 어떤 실제적 의도를 허용할지 말지 여부를 결정하는 사람이에요.

G: 그러나 이런 개념들이 일상 속에 진입해서 당연하게 여겨지자마자 사람들은 그 개념들을 더 이상 의식하지 못합니다.

J: 그것이야말로 자신의 비판적인 판단기준의 상실이에요. 방금 설명한 것처럼, 어떤 의도들이 적합한지 누군가가 결정합니다. 만약 제가 "그래요. 그것은 매우 아름답지만, 제 의도는 아니에요."라고 대꾸한다면, 그것은 대단한 성과이고 엄청난 진보예요. 말하자면 그것은 제가 어떤 비판적인 능력을 보존했다는 것, 그리고 제가 그 비판 능력을 행사할 수 있다는 것을 의미할 테니까요.

그러나 제가 발전에 치인다면, 여기에서 실제 의도가 정해진다는 것을 제가 더 이상 알지 못한다면, 제가 그것을 전혀 의식하지 못한다면, 저는 이 분야에서 비판적인 능력을 잃어버린 게 됩니다. 그리고 그것은 대단히 심각한 문제예요! 지금 이야기하고 있는 의미에서 '가상적' 이라는 낱말의 오용이 인간의 비판적 능력 상실의 시작을 의미한다고까지 주장하지는 못하겠지만, 그 낱말의 오용은 어차피 일어나고 있는 흐름에 들어맞고 어떤 식으로든 그 흐름을 뒷받침해주고 있어요. 낱말 오용의 결과, 세계를 점점 더 추상적인 세계로 보게 된다는 말이에요.

G: 교수님께서 언급하셨던 것처럼 우리는 무언가를 뽑아내고 있습니다.

J: '추상적', '추상하다' 라는 낱말에 대해 말한다면, 그 낱말의 의미도 기억해야 할 거예요. '추상적(abstract)' 이라는 낱말은 두 부분으로 이루어져 있어요. 'ab' 은 '~로부터 떨어진' 이라는 의미이고, 'stract' 는 라틴어 'trahere' 에서 나왔어요. 따라서 '잡아끌다' 라는 의미와 관련이 있죠. 추상한다면, 무언가를 끌어서 옮기는 거예요. 무엇으로부터 말입니까? 실제 현실로부터일까요?

오늘날 텔레비전에서 영화—세계의 추상적인 인공적 재건—를 보는 우리의 아이들은 우리가 그 나이 때 알았던 것보다 훨씬 많이 알고 있다고 주장하는 데 익숙해 있어요. 이것으로, 특히 아이들이 오늘날 접하는 추상적인 세계가 실제 세계와 같고, 어쩌면 더 낫다고까지 말하고 있죠.

G: 그렇다면 우리가 경험의 위축을 조장하고 있는 셈이네요.

J: 사정이 더욱 나쁩니다. 그것은 무언가를 경험할 수 있는 '가능성' 의 위축을 뜻해요. 그 점을 설명하고 싶네요. 사람들은 단체여행객이 관광버스를 타고 기념물들 앞에서 내려 카메라—예전에는 필름카메라나 비디오카메라였는데 요즘은 디지털카메라를 말해요—의 셔터를 누르는 모습에 익숙해져 있어요. 이들은 세계를 여행하며 필름과 사진들을 집으로 가져갑니다. 그리고는 친구들에게 자신들이 예컨대 이집트나 타히티 등 세계 어디에 갔었는지 사진으로 보여줄 게 뻔해요. 그들은 분명히 그곳에 갔었어요. 그 사실을 입증할 수 있어요. 비디오 클립이나 DVD를 통해 볼 수 있으니까요.

G: 물론 오늘날 보다 많은 지각 가능성이 열리면서 세계에 대해 훨씬 더 많이 경험하게 되었다는 주장도 있습니다.

J: 그 말은 전혀 맞지 않아요. 뿐만 아니라 즉각 이렇게 물어봐야 해요. 내 경험 능력의 경계를 누가 결정하는가? 또는 이러한 경계는 어떻게 그어지는가? 괴테를 예로 들어보죠. 괴테는 자신의 눈, 귀, 코, 손가락으로 세계를 경험한 다음 자기 언어로 그 세계를 묘사하려고 했어요. 물론 우리 모두가 괴테일 수는 없어요. 하지만 괴테를 최고의 예로 들 수는 있을 거예요.

오늘날 우리가, 즉 수많은 인간들이 갖고 있는 경험들은 간접적인 것이에요. 무언가에 대해 어떤 식으로든 무슨 이야기를 하긴 하죠. B에 관해 A라는 말이 나오지만, B를 경험하지는 못해요. 누가 이러한 경계를 그을까요? 저는 그 배후를 전혀 경험할 수 없는 선이 있다고 생각해요. 그 선은 어떻게 누구에 의해 그어지는 걸까요?

이러한 사태를 분명하게 밝혀줄 예가 있습니다. 우리는 세계를 돌아다니며 사진을 찍어댑니다. 그래서 자랑스럽게 보여주는 멋진 사진과 필름들이 생겨나죠. 그것들은 우리가 일련의 장소들에 있었다는 것을 기억하게 하고, 남들에게 납득시켜줍니다. 그러나 사진들이 재현할 수 있는 색깔은 제한적이에요. 실제로 우리가 본 색깔이 아니죠. 어떤 색깔은 과도하게 강조되고, 또 어떤 색깔은 지나치게 약합니다. 우리가 사진들에서 보는 것은 실제로 있었던 그것이 아니에요. 20년 동안 돌아다니며 찍은 사진들을 나중에 들여다볼 때 이는 더욱 분명해져요. 말하자면 그 사진들에서 우리는 세계를 후지나 코닥 또는 파나소닉에서 일하는 누군가가 우리가 봐도 되거나 봐야 한다고 결정한 색깔로 보는 거예요. 그 외의 다른 색깔은 아예 없어요.

저는 우리가 거의 평생을 이러한 경계 내에서 보낸다고 생각해요. 음악에 대해서도 생각해보죠. 우선 어떤 식으로든 전자공학적으로 취급된 뒤에야 음악을 듣게 되는 일이 얼마나 자주 일어납니까? 우리는 이러한 경험을 얼마나 자주 합니까? 누군가가 바이올린을 실제로 연주하는 소리를 얼마나 자주 듣습니까? 나이트클럽에서 듣는 것도 아니고, 라디오나 CD를 통해서 듣는 것도 아닌 실제 연주 말입니다. 물론 이렇게 말할 수도 있어요.

"그래요. 하지만 CD의 질이 아주 좋네요."

그래요. 하지만 CD는 있었던 것을 재현하지 못해요. 다만 특정한 전자파 진동만 재현할 뿐이에요. 그밖의 다른 것은 CD가 어떻게 만들어지는지를 결정하는 사람들이 우리에게 듣도록 허락하지 않았어요.

길거리를 따라 걷다 보면 바이올린 소리를 들을 때가 있어요. 거리의 악사가 바이올린으로 〈아베마리아〉를 연주하는 경우도 있어요. 연주가 너무 엉망이기 때문에 하이페츠 같은 연주자라면 귀를 막을지도 몰라요. 그런데 그 연주가 마음을 사로잡을 때도 있어요. 왜 그럴까요? '맙소사, 정말 바이올린이네! 스피커에서 나오는 소리 말고, 악기로 실제 연주하는 소리를 마지막으로 들은 게 언제였지?' 하는 생각이 들 수 있는 거예요.

오늘날 중산층 사람들 대부분은 18세기나 심지어 19세기의 중산층 사람들보다 음악을 훨씬 많이 알고 있다고 말할 수 있어요.

보통 수백 개의 음반과 CD를 가지고 있고, 심지어 수천 장을 갖고 있는 사람도 있을 거예요. 우리는 한 소절만 들어도 모차르트 교향곡인지 알 수 있어요. 경제적으로 부유하다고 생각한다면, 한 번이라도 베를린 필하모니의 오케스트라 공연을 보러 갈 거예요. 공연을 직접 보는 경험은 완전히 다른 것이니까요!

다음과 같은 사실을 반드시 의식해야 해요. 음색을 어디서 강하게 하고 어디서 약하게 하는지에 대한 기준을 결정하는 것은 우리가 아니에요. 우리는 그 경계치를 결정하지 못해요. 그것은 우리에게 있어서 분명히 아주 다른 세계예요. 이러한 의미에서 어쩌면 우리가 경험하는 실제 세계가 가상적 세계라고 말할 수 있을지도 모르겠어요. 그러나 저는 그것을 큰 소리로 말하고 싶지는 않아요. '가상적' 이라는 단어의 확산에 저 스스로 기여하고 싶지 않으니까요. 저는 이처럼 오해의 소지가 있는 낱말 사용을 조장할 마음이 없어요.

G: 그려진 초상화가—초상화에는 화가의 개성이 물론 상당히 많이 숨겨져 있을 겁니다—사진보다 초상화 주인공과 더 비슷하다는 생각이 방금 들었습니다.

J: 그거 흥미롭군요. 그 말씀을 하시기 전에 저 역시 회화를 생각했거든요. 실제로 똑같은 생각이 떠올랐어요. 렘브란트의 제자가 그린 〈황금투구를 쓴 남자〉를 생각해봅시다. 우리가 보는 그림은 이 남자가 아니에요. 우리가 길에서 그 남자를 본다면 알아볼 수 있을 거예요. 그럼에도 실제로 그 남자와 대화하게 된다면, 우리가 그 남자를 여태 본 적이 없다는 점을 인정해야 할 거예요.

이 그림은 화가가 느낀 대로 현실을 재현한 것이라고 말할 수 있어요. 그림에서 보이는 사람은 실제로는 초상화에 그려진 남자가 아니에요. 모든 초상화는 동시에 화가의 자화상이라고 추정할 수 있죠. 화가가 자신의 얼굴을 그린다는 말이 아니에요. 그러나 화가의 정서, 그리고 화가의 마음을 움직이고 화가에게 중요하게 보이는 모든 것을 더 많게 또는 더 적게 분명히 볼 수 있어요.

저는 '더 적게'라는 낱말을 강조하고 싶어요. 우리가 볼 수 없는 것들을 그림에서 보는 사람들이 있기 때문이에요. 이런 사람들은 시를 거의 평생 읽고 점점 더 많이 이해하는 사람들에 견줄 수 있어요. 저는 의도적으로 '다르게'가 아니라 '더 많게'라고 말했어요. 물론 시간이 감에 따라 그것을 다르게 이해하게 될 거예요. 그러나 특히 '더 깊게'라는 의미에서 '더 많이' 이해하게 되겠죠. 여기에 최초의 이해가 포함되어 있으니까요.

그러나 제가 방금 말한 세계, 특히 전자공학적으로 중재된 세계—저는 이제 '중재(mediation)'라는 단어를 '사이에 끼어들다'라는 의미에서 사용하고 있어요—와 매체들이 우리에게 보여주는 세계는 수많은 그림보다 훨씬 덜 실제적(real)이에요.

컴퓨터와 예술

G: 이와 연관하여 컴퓨터 예술에 대해 어떻게 생각하십니까?

J: 저는 컴퓨터 예술에 대해, 그리고 컴퓨터가 예컨대 시를 쓰거나 음악을 작곡하는 것처럼 예술작품을 만들 수 있는가 하는 질문에 관해 말하는 것을 좋아해요. 덧붙여 다음과 같은 질문도 해야 할 거예요.

'예술가가 행하는 것은 과연 무엇일까?'

그것은 선택과 관련이 있어요. 저는 '파운드 아트(Found-Art)'가 그 좋은 예라고 생각해요. 해안을 따라 달리다가 나무 조각 하나를 발견합니다. 그것을 집어들고 집으로 가서 식탁 위에 예술작품처럼 올려놓습니다. 예술은 어디에 있을까요? 예술은 그것을 행한 인간이 다른 나무 조각이 아니라 바로 이 나무 조각을 보고 선택했다는 데 있어요. 그렇다면 예술은 선택에 있는 거예요.

G: 시를 쓰는 것에 관해 이와 비슷하게 말할 수 있습니다. 그것은 시인이 자기 자신, 그리고 그가 지각하는 것과 행하는 대화입니다. 결국 시인은 자신의 생각들

에서 특정한 선택을 하고, 선택된 생각에 특정한 형태를 부여합니다.

J: 우리 모두는 우리가 말할 수 있는 것보다 훨씬 많이 알고 있어요. 우리가 진술할 수 없는 일들을 알고 있는 거예요. 시인은 이러한 경계를 넘어, 통상적인 언어의 경계 내에서 표현될 수 없는 착상, 곧 아이디어를 표현하려고 해요. 예술가의 근본적인 동기 유발은 그가 어떤 것을 말해야 한다는 점에 있어요. 그것이 예술가로 하여금 통상적인 언어로 말해질 수 없는 어떤 것을 자꾸 말하게 하는 거예요. 이것이 예술이 생겨나는 긴장의 영역이죠.

자신을 그렇게 압박하는 게 무엇인지 알아내기 위해 예술가는 통상적인 언어의 경계를 극복하려고 애를 씁니다. 이를 위해 예술가는 시의 운(韻)과 같은 방법들을 고안해내는 거예요. 예술가는 통상적인 언어의 경계를 넘어 착상을 진술하려고 하죠. 그리고 그것은 불가피하게 실패할 수밖에 없는 시도예요. 그것에 결코 온전히 성공할 수 없다는 게 시인의 비극이죠. 시적인 아이디어를 완전하게 진술한다는 것은 불가능해요. 문학 자체도 경계를 갖고 있어요. 그래서 누군가는 그 경계를 다른 식으로 넘어가려고 애씁니다. 이러한 의미에서 시를 짓는 예술은 전반적으로 달라지게 되죠. 오늘날 괴테의 방식으로 시를 짓는 사람은 없어요. 이 말은 우리가 오늘날 시를 더 잘 짓거나 더 못 짓는다는 의미가 아니에요. 바로 경계의 위치가 바뀐다는 말이죠. 예술가가 수행하는 기여란 때때로 경계를 약간 더 밀어낼 수 있다는 데 있어요.

G: 말할 수 없는 것에 대해 좀더 상세하게 말씀해주실 수 있으세요?

J: 저는 우리가 말할 수 있는 것보다 훨씬 많이 알고 있다고 주장했어요. 우리 모두 그래요. 제가 "말할 수 있다."고 말한다면, 그 어떤 언어로 또는 그것이 무엇일지라도 음표, 수학, 화학공식 등 모종의 상징체계로 말한다는 의미예요. 우리 모두는 우리가 말할 수 없는 것을 무척 많이 알고 있어요. 저는 심지어 우리가 알고 있는 것 대부분이 이루 형언할 수 없다고까지 주장할 수 있어요.

"많은 것을 낱말로 표현할 수 있지만, 생생한 진실만은 그렇게 안 된다."

저는 이오네스코(Eugsène Ionesco)[1]가 한 이 말에 동의합니다. 어떤 것을 형언할 수 없다는 것은 우리가 그것에 관해 말을 할 수 없다는 의미가 아니에요. 한 가지 예를 들어볼게요. 꿈에서 본 장면이 너무 아름다워서 깨어난 후에도 다시 보기 위해 또 잠들고 싶어한 경험이 틀림없이 몇 번쯤 있을 거예요. 하지만 뜻하는 대로 잘 되지는 않죠. 언제든 다시 잠들 수 있는 게 아니니까요. 그래서 그 꿈을 다른 식으로 붙잡으려고 합니다. 이를 위한 방법은 여러 가지예요. 꿈을 기록하고, 누군가에게 이야기하고, 자기 자신에게 이야기할 수 있겠죠. 그러나 결국은 어떤 방법으로도 꿈을 붙잡을 수 없다는 경험을 하게 될 거예요. 안타깝지만 그래요. 꿈은 보존될 수 없어요.

꿈을 정말로 보존하고 싶다면, 그 가능성은 단 하나뿐이에요. 꿈을 놓아주어야 해요. 그러면 꿈이 다시 찾아올 수 있어요. 어

---

[1] 《대머리 여가수》로 유명한 프랑스의 극작가.

쟀든 그렇게 하면 꿈은 파괴되지 않아요. 이것은 익히 알고는 있지만 말할 수 없는 어떤 것에 대한 예랍니다.

G: 그러면 컴퓨터가 만든 시들을 어떻게 보십니까?

J: MIT의 동료 패퍼트(Seymour Papert) 교수는 《마인드스톰 *Mindstorms*》에서 '컴퓨터가 생산한 시'에 대해 말하고 있어요. 패퍼트 교수는 시를 생성하는 프로그램을 작성하는 것이 아주 쉽다고 주장해요. 그 점에 대해 저는 몇 가지 심각한 의문을 갖고 있어요. 무엇보다도 패퍼트 교수가 시를 어떻게 이해하고 있는가 하는 점이에요. 제가 보는 시는 우선 통상적인 언어 내에서 표현될 수 없는 착상을 표현하려는 시도라고 이미 말한 적이 있어요. 그리고 그것은 결국 시가 시적 아이디어를 대표한다는 의미예요. 따라서 이런 질문을 던질 수밖에 없어요.

'컴퓨터가 생산한 시가 어떻게 시적 아이디어가 될까? 컴퓨터에 아이디어가 존재할까?'

컴퓨터가 시적 착상을 갖고 있다는 것을 입증할 수 없다면, 또 가정조차 할 수 없다면, 정말로 시에 대해 말해서는 안 돼요. 저는 그것을 심지어 시인에 대한 모독이라고 여겨요. 또 이런 의문도 갖게 된답니다.

'컴퓨터가 갖고 있는 아이디어를 우리가 어떻게 발견할까?'

오늘날 컴퓨터 시로 판매되는 시들은 아주 엄격한 의미에서 보면 우연의 결과예요. 거기에는 시작할 수 있는 착상이 없어요. 예컨대 외로움의 아이디어가 없다고 할 수 있죠. 따라서 저는 그것이 시가 아니라고 말하겠어요.

어떤 프로그래머가 시들이 만들어질 때 따르는 규칙들을 선택했어요. 낱말들을—명사, 동사, 형용사 등으로—분류하고 문법 규칙들을 이용해 조합하는 방법들이 있을 거예요. 이러한 규칙들을 선택한 다음에 컴퓨터에 일정한 어휘를 입력합니다. 그것으로 생산되는 것은 문법뿐만 아니라 문장구조 또한 언어적으로 구체적이에요. 그러나 저는 컴퓨터가 여기에서 좋은 시적 착상을 가졌다고 말하지는 못하겠어요.

G: 이 영역에서도 컴퓨터가 쓴 시인지 아니면 인간이 쓴 시인지 판단을 내리기 어려운 상황이 있습니다.

J: 대부분의 사람들이 둘의 차이를 인식할 수 없다는 점이 종종 드러납니다. 그러나 그것이 제게는 모순을 의미하지 않아요. 그것이 결코 컴퓨터가 예술을 할 수 있다는 증거는 아니니까요.

저는 이미 컴퓨터공학자 해프너(Klaus Haefner)와 그 점에 대해 논쟁을 벌인 적이 있어요. 그것도 바로 이런 문제에 대해서였죠. 해프너는 시 두 편을—한 편은 컴퓨터가 만든 것이고, 다른 한 편은 인간이 만든 시였어요—낭독했어요. 그러고는 그곳에 모인 사람들에게 두 작품을 구별해보라고 요구했죠.

그렇게 하기에는 물론 너무 늦었어요. 어디서 나온 것인지 저도 모르는 텍스트가 있거든요. 제가 그 텍스트를 이제 시라고 인식한다면, 저는 창의적인 정신의 소유자가 되는 거예요.

G: 그 텍스트 자체를 예술작품으로 인식하기 때문일까요?

J: 제가 그 텍스트를 예술작품으로 지각하고 이로써 결국 그 텍스트를 비로소 예술작품으로 만들어내기 때문이에요. 컴퓨터와 CD 플레이어 및 카세트 레코더가 저를 자극할 수 있어요. CD와 녹음테이프 상에 있는 것은 음악이 아니에요. 그것은 마그네틱 입자들이에요. 제가 그것으로 음악을 만드는 거예요.

이런 상상을 해볼 수 있어요. 독일의 작곡가 베토벤의 7번 교향곡이 연주되고 있다고 합시다. 누군가가 들어와서 이렇게 말합니다.

"시끄러운 소리 좀 꺼요!"

그 사람에게는 베토벤의 교향곡이 시끄러운 소리일 거예요. 그 사람은 말하자면 예술작품을 만드는 법을 배우지 못한 거예요.

G: 그렇다면 어떤 것을 예술작품으로 인식하고, 그것을 실제로 그렇게 지각하는 누군가가 늘 필요합니다. 컴퓨터 예술에서 이러한 인식은 말하자면 과학적으로 인정되고 있습니다.

G: 예술이 과학의 지배를 받을 수 있을까요?

J: 인문주의자들과 예술가들은 팔을 걷어붙이고 양자역학에 대해 말하며, 생명현상을 물리적 · 화학적으로 설명하는 환원주의 (reductionism)와 달리 물리학이 드디어 세계가 예술가가 보는 것과 같다고 증명한 것을 자랑스러워하고 있어요. 맨 먼저 제 머리에 떠오르는 것은, 이것을 통해 인문주의자들과 예술가들이 스스로 자연과학의 숭배자 내지 신도가 되고 있다는 생각이에요. 그들은 대체 왜 그럴 필요가 있을까요? 자연과학이 설령 그런 것을 발견했다고 해서 그것이 왜 기뻐해야 할 이유가 될까요? 왜 무조건 자연과학 쪽의 확인이나 인정이 필요할까요? 그 사실을 알고 있다는 것으로 충분해야 해요. 물리학자가 드디어 이런 관점에 이르렀다는 것은 확실히 기쁜 일이죠. 하지만 그것을 최종적인 지원으로 여겨서는 안 돼요.

이런 것을 상상해보죠. 거친 서부에 등장하는 어느 술집, 그러니까 할리우드의 전형적인 서부 영화에 나올 법한 웨스턴 바가 있다고 합시다. 바에는 술을 파는 두세 명의 젊은 여자가 있습니다. 그리고 그 옆으로 술 취한 사람이 보입니다. 바의 구석에는 커다란 원형 탁자가 놓여 있어요. 남자들이 그곳에 앉아 포커를 칩니다. 정말 상투적인 풍경이죠. 이제 어떤 사람이 팔에 체스판을 끼고 바에 들어섭니다. 그는 포커 게임을 들여다보다가, 게임을 잠깐 쉬는 틈에 포커를 치는 사람들에게 이렇게 말합니다.

"여러분이 재미있어할 게임이 제게도 있는데요."

이렇게 말한 후 그 남자는 체스판을 열고, 체스를 어떻게 하는지 보여줍니다. 다른 사람들이 시험 삼아 해보더니 체스를 어떻게 하는지 이해하기 시작합니다. 한 20분쯤 지나자 어떤 사람이 이렇게 묻습니다.

"그런데 우리가 재미있어할 게임을 가지고 있다고 말했잖소. 그 게임이 어디 있소?"

낯선 남자는 체스판을 가리키며 이렇게 대답합니다.

"여기 있잖아요. 이 게임 말이에요."

"아냐, 그럴 리 없소. 대체 카드가 어디 있단 말이오?"

이 이야기를 통해 제가 하려는 말은, 게임을 카드놀이로 이해한다면 체스는 게임이 아니라는 말이에요. 어떤 것이 과학적이냐 아니냐의 여부에 대한 질문의 경우도 이와 마찬가지예요. 그것은 처음에 세워지는 협소한 기준들과 관련이 있어요. 과학은 그 기준들을 이용해 비판으로부터 자신을 보호합니다. 어떤 논증이건 그 자체로 과학적이지 않다면 그냥 받아들여지지 않아요. 카드 없는 게임은 게임이 아닌 것과 같죠. 그것은 물론 과학이 인문주의적이든 예술적이든 모든 비과학적인 비판에 대해 면역이 되어 있다는 말이에요. 이 점을 알아야 해요!

G: 그렇다면 자연과학은 거의 종교가 아닐까요?

J: 그래요. 거의 종교인 정도가 아니에요. 저는 정말로 자연과학이 오늘날 서구에서 조직화된 종교의 모든 특징을 갖고 있다고 생각해요. 자연과학에는 수련자들이 있어요. 그들은 대학에서 공부하는 학생들이에요. 사제들도 있어요. 젊은 교수들이 그들이죠. 그리고 몬시뇰(monsignor)[1]도 있어요. 그들은 비교적 나이가 많은 교수들이에요. 또한 주교와 추기경도, 교회와 대성당도 있어요. 제가 몸담은 MIT는 자연과학 내의 대성당이에요. 심지어 교황도 있어요. 그리고 이것은 대단히 중요한 점인데 이단자들도 있답니다.

자연과학의 이단자들은 옛 종교의 이단자들과 마찬가지로 처벌을 받아요. 그들은 쫓겨나고 말죠. 어떤 사람이 일단 이단자로 분류되면, 종종 이런 주장마저 나옵니다. "그는 결코 올바른 과학자였던 적이 없었어!" 그리고 상당수의 신자도 존재하죠. 이렇게 볼 때, 자연과학에 대한 믿음과 중세 가톨릭의 교리에 대한 믿음 사이에는 전혀 차이가 존재하지 않아요.

여전히 흥미로운 것은 근대 자연과학이 대부분 인위적인 비밀 언어를 말한다는 사실이에요. 일반대중이 이해할 수 없거나, 어쨌든 이해할 수 없다고 생각하는 비밀 언어죠. 저는 여기에 교회의

---

[1] 가톨릭 고위 성직자에 대한 경칭.

옛 언어인 라틴어와 유사한 면이 있다고 말하고 싶어요.

어렸을 때 "수리수리 마수리!" 하고 외웠던 주문이 떠오릅니다. 이 주문은 신비적으로 들리고 마력으로 꽉 찬 것처럼 보였어요. 그리고 실체변화[2] 때 사제가 신자들에게 라틴어로 "이것은 내 몸이다 (Hoc est corpus meum)"라고 말하던 것을 모방한 거라 할 수 있어요.

G: 교수님은 강연들에서 자연과학에 대한 믿음을 어떻게 체험하십니까?

J: 제가 강연에서 청중들에게 "지구가 태양 주위를 돈다는 것을 믿습니까?"라고 물으면, 거의 모두 그렇다고 대답합니다. 그러면 이렇게 반문합니다. "반대로 태양이 지구 주위를 돈다고 믿습니까?" 이것은 예전의 믿음이었어요. 그것도 수천 년 동안 말이에요. 지금은 아무도 그렇다고 대답하지 않죠. 그 다음에 제가 계속 묻습니다.

"왜 지구가 태양 주위를 돈다고 믿습니까? 날마다 태양이 움직이는 게 보이는데 말이에요. 양산을 펴고 앉아 있으면 30분쯤 뒤에는 다른 곳으로 자리를 옮겨야 하잖아요. 그늘이 없어지니까요. 태양이 이동한 것처럼 보이죠. 이것을 날마다 직접 보면서도, 지구가 태양 주위를 돈다고 생각합니다. 여러분 중—그러니까 강당에 앉아 있는 500명의 사람 중—누군가는 움직이는 것이 태양이 아니라 지구라는 것을 확인해주거나 증명해주는 논거를 제시할 수 있을

---

[2] 미사 중 제물인 빵과 포도주가 그리스도의 살과 피로 변하는 일.

겁니다.”

물론 그렇게 할 수 있는 사람은 극소수뿐이에요. 그러나 모든 사람들이 지구가 태양 주위를 돈다는 과학적 인식을 거의 정말로 확고히 믿습니다. 이것은 무슨 믿음입니까? 이 믿음은 권위에 대한 믿음과 다르지 않아요. 과학은 태양이 아니라 지구가 움직인다고 말합니다. ‘사제들’이 그렇게 말하고, ‘교회’가 그렇게 말하는 것이에요. 그래서 그것을 믿습니다. 이것은 500년 전이나 똑같아요. 그때는 지옥의 불에 대해 말했어요. 영혼은 높이 올라가거나 깊이 떨어질 수 있었죠. 그 당시 사람들은 이것을 확고히 믿었어요. 우리가 오늘날 태양 중심의 가설을, 그러니까 태양이 우리 세계의 중심이라고 믿는 것과 꼭 같아요.

이것은 아주 단순한 예일 뿐이에요. 오늘날은 과학이 광고에서 최고의 치약이라고 언급하지 않으면 치약을 팔 수 없는 지경이에요. 정말입니다. 오늘날 과학은 세계종교가 되었고, 대부분의 신도들은 마치 도그마처럼 단순히 맹목적으로 과학을 믿습니다.

G : 이 종교의 대변자들은—교수님의 비유를 따르자면—점차 맹목적인 믿음을 요구합니다. 마빈 민스키는 《마음의 사회》에서 맨 서두에 자기의 시스템과 관계를 맺을 것을 요구하고 있습니다. 그 시스템이 왜 의미심장한지에 대한 논거를 전혀 제시하지 않으면서 말입니다. 예컨대 인간의 정신이 기계처럼 작동하는 것을 나중에 전부 증명하겠다고 예고하는 누군가를 제가 왜 믿어야 합니까? 여기에서는 처음부터 복종을 요구하고 있는 것입니다.

J : 그 요구의 핵심은 정확히 이런 식으로 믿으라는 데 있어

요. 극장을 예로 들어보죠. 극장에는 '불신의 중지' 라는 놀랍도록 멋진 이념이 있어요. 이를 정확히 어떻게 해석해야 할지 모르겠어요. 어쨌든 한번 설명해보도록 할게요. '불신의 중지' 를 실행할 수 없다면, 연극작품을 이해할 수 없어요. 저 무대에서는 배우들이 행동할 뿐이고 주인공이 손에 들고 있는 칼은 진짜 칼이 아니라고 늘 생각한다면, 작품을 이해하기란 불가능해요. 우리 앞에서 벌어지고 있는 일이 실제로 일어나고 있는 게 아니라고 늘 의식한다면, 즉 이러한 비판적인 입장을 고수한다면 우리는 아무것도 이해하지 못할 거예요.

영화에서도 사정은 마찬가지죠. 극장에 가서 어두운 홀에 들어가 스크린을 바라볼 때, 이것은 스크린에 드리운 그림자일 뿐이라고 말해서는 안 돼요. 때로는 자신의 비판적인 능력을 그냥 무효화시켜야 해요.

저는 민스키 교수의 책이 이러한 것을 요구하고 있다고 생각해요. 정상적인 비판적 판단 능력을 그냥 무시하거나 아예 차단하라고 요구하는 거예요. 즉, 종교로서의 자연과학은 이 순간에, 그러니까 짧은 시간 동안에 비판적인 판단력을 아예 내려놓으라고 요구하고 있어요. 과학적으로 확인될 수 없는 어떤 것도 믿어서는 안 되는 거예요.

연극공연장에서는 사정이 다릅니다. '불신의 중지' 라는 요구를 실행하는 것은 단지 공연 중에만 해당되죠. 연극이 끝난 뒤 비판력을 다시 투입해야 해요. 연극공연이 끝나면 연극작품에 대해 토론할 수 있고, 실제 세계를 비판할 수 있어요. 그리고 정확히 바로 여기에 근대 자연과학의 요구와 차이점이 있어요. 종교로서의 자연과학은 그것을 허락하지 않아요.

G : 컴퓨터에 관한 몇몇 동화 역시 이런 식으로 생겨났습니다. 인공지능의 영역에서만이 아닙니다. 일상적인 것 거의 전부를 말하죠.

J : 예컨대 컴퓨터가 습관적인 일을 떠맡고 인간들에게는 '보다 고차원적인 일들'을 맡긴다는 주장이 있어요. 그러니까 컴퓨터가 명목상 인간을 위해 자유의 여지를 마련해주므로, 인간은 보다 중요한 일들에 대해 생각할 수 있다는 말이에요.

'얼마나 좋을까!'

이런 바보 같은 소리를 얼마나 자주 그냥 따라합니까. 맥도널드 계산대에 앉아 있는 사람이 자판에 빅맥과 다른 햄버거들의 그림이 장착되어 있어서 더 이상 숫자를 읽을 필요가 없다고 생각해보죠. 그림 자판만 정확히 누르는 것으로 충분할 거예요. 그러면 컴퓨터가 필요한 모든 일을 알아서 처리하는 거예요. 계산대에서의 일이 아무런 문제없이 순조롭게 진행되는 겁니다.

그렇다면 이제 계산대에 앉아 있는 젊은 남자 또는 젊은 여자가 횔덜린(Friedrich Hölderin)과 셰익스피어(William Shakespeare)를 생각한다고 상상해보죠. 컴퓨터가 습관적인 일을 떠맡았으니까요. 하지만 이는 말도 안 되는 소리예요. 동화일 뿐이죠. 어쩌면 동화보다 신화라고 해야 할 거예요. 신화는 언제나 어떤 신비로운 분위기에 둘러싸이고, 수많은 사람들이 그것을 믿으니까요.

G : 정보가 지워진다는 진술 또한 이러한 컴퓨터 신화에 속하지 않을까요?

J: 이에 대한 작은 일화가 있어요. 오래전에 미국에서 있었던 스캔들을 기억하시겠죠. 소위 이란-콘트라 사건(Iran-Contra Case)[3] 말이에요. 당시 이 사건의 두 주인공은 포인트덱스터 해군대장과 올리버 노스 중령이었어요. 그들은 일련의 처벌을 받을 만한 일들을 공모했어요. 그리고 그들이 꾸민 일에 대해 문서를 남겨놓으려 하지 않았기에 컴퓨터로 의견을 주고받았어요. 한 사람이 다른 사람에게 보고한 뒤, 이 보고는 즉각 삭제되었죠. 그러나 포인트덱스터와 노스는 컴퓨터를 그다지 잘 아는 사람들이 아니었어요. 그래서 '삭제' 라는 명령만으로는 저장된 정보가 실제로 하드디스크에서 삭제되지 않는다는 사실을 몰랐어요. 정보 자체가 아니라 이렇게 저장된 정보에 대한 접근만 삭제한 거예요. 그래서 나중에 컴퓨터 전문가들이 정보를 다시 재구성할 수 있었죠. 그것은 두 주역에게는 물론 대단히 불유쾌한 일이었어요.

G: 좋습니다. 이러한 동화는 오늘날 이미 의심을 받고 있습니다. 오늘날 대부분의 사람들은 이와 비슷한 상황에 놓이면 즉각 하드디스크 자체를 없애버리죠.

J: 하드디스크가 아무 이유 없이 사라진 사건이 최근에 몇 번 일어났었죠. 이 세계 어디에서나 일어나는 일일 테지만 말입니다.

[3] 1986년 11월 미국이 비밀리에 이란에 무기를 판매하고, 그 대금을 암암리에 니카라과의 반정부 게릴라 조직인 콘트라에 지급한 사건.

매체 능력이란 무엇인가

G: 컴퓨터 신화의 문제로 돌아가겠습니다. 컴퓨터 신화 자체를 폭로하기 위해서는, 매체 능력이라 불리는 것에 대해 알 필요가 있습니다.

J: 저는 그 말을 별로 좋아하지 않아요. 그 낱말이 너무 과장되게 다가오기 때문이죠. 중요한 것은 오직 고유한 비판적 능력의 투입뿐이에요. 매체 능력이란 비판적으로 사고하고 사물의 근거를 묻는 능력 외에 다른 어떤 게 아니에요.

G: 매체 능력을 어떻게 익히거나 훈련할 수 있을까요?

J: 이를 위해 두 가지 중요한 전제가 있어요. 첫째는 정말로 들을 수 있어야 한다는 거예요. 경청할 수 있어야 한다는 말이죠. 이를 영어로 말하면 더 분명해질 거예요. 영어에는 '듣다' 라는 의미의 동사가 'hear' 와 'listen', 이렇게 두 개 있죠. 이 두 개의 동사는 의미가 같지 않아요. 대부분의 사람들은 실제로 'listening' 이 아니라 'hearing' 만을 해요. 그러니까 말해진 것을 어떤 식으로든

지각하지만 경청하지는 않는다는 말이에요. 이것은 비판적 성찰을
위한 첫번째 전제이자, 이로부터 귀결되는 반응일 거예요.

두번째 전제는 비판적으로 읽을 수 있어야 한다는 거예요.
이는 만화책이나 교통표지판을 보는 것과는 달라요. 암호를 해독하
는 게 아니라 해석하고 이해하는 거죠. 아마도 자전거 타기나 수영
에 비교할 수도 있겠네요. 일단 제대로 익히면 영원히 할 수 있는
그런 것 말이에요.

G: 그 능력이 왜 컴퓨터와 관련해서는 거의 적용되지 않는 걸까요?

J: 때때로 저는 대부분의 사람들이 텔레비전과 컴퓨터 화면
을 통해 거실로 전달되는 그림과 진술의 근거를 전혀 비판적으로 물
으려 하지 않는다고 생각해요. 그렇게 하는 대신, 사람들은 화면에
보이는 것을 그냥 믿을 준비를 하죠. 심지어 심각한 결과를 가져오
는 사안에 있어서조차 속는 것을 좋아하는 것처럼 보여요. 예컨대
각각의 정부가 하는 말을 검토하지도 않고 기꺼이 속아주죠. 이것
은 사람들이 이라크 전쟁의 근거에 속은 미국에만 해당되는 게 아니
에요. 통일에 비용이 들지 않는다고 믿은 독일인들에게도 적용되는
말이죠.

G: 매체들이 과연 진실을 말하는지 무엇을 보고 알 수 있습니까? 그것은 그
렇게 간단하지가 않습니다.

J: 매체가 아니라 인간으로부터 출발해야 해요. 달리 말하

면, 오늘날에는 텔레비전 화면에서 보고 있는 그림이 진짜인지 아니면 만들어진 것인지, 즉 가공된 것인지 더 이상 알 수 없어요. 그것을 어떻게 구별해야 할까요? 우리에게 도달하는 그림들이 조작되거나 위조되었다는 것을 두려워한다면, 그것은 기계가 그렇게 할 수 있기 때문이 아니라 기계를 다루는 인간들이 그렇게 할 거라고 여기기 때문이에요. 다시 말하자면, 가장 중요한 문제는 과연 기계를 다루는 인간을 신뢰할 수 있는가 하는 거예요.

이것은 미국 국방부가 주도하는 정보 전쟁에 직면하여 현실적으로도 대단히 중요한 물음이에요. 물론 예전에도 거짓말들은 유포되었지만, 오늘날처럼 그렇게 완벽하고 정밀하지는 못했어요.

G: 다시 한번 통일 문제로 돌아갔으면 합니다.

J: 오늘날 독일 사람들은 대개 통일을 서두른 것이 잘못되었고, 통일 비용이 전혀 들지 않거나 거의 들지 않는다는 약속이 커다란 오류였다는 것을 알고 있어요. 이러한 주장이 의도적인 거짓이었는가 하는 것은 이 순간 전혀 중요하지 않아요. 어쨌든 그 주장은 커다란 오류였어요.

저는 당시의 수상 콜(Helmut Kohl)의 주된 목적이 수상에 다시 선출되는 데 있었다고 확신해요. 연방의회 선거가 그다지 멀지 않았기 때문에 모든 일이 아주 빨리 진행되어야 했어요. 콜은 독일을 통일한 수상이라는 역사적 의미를 획득하고자 했어요. 이것이 이유였죠. 통일을—목표는 동일하지만 현실적인 시간 계획을 갖고—좀더 신중히 준비했다면 아마도 몇 년 더 걸렸을 테고, 그 사이에 권력이 다른 정부로 넘어갈 위험도 있었을 거예요. 그러니까 통일이 미처 준비가 되지 않은 상태에서 서둘러 이루어진 것은 우선 콜의 야심 덕분이라고 할 수 있어요. 통일을 서두르는 것에 회의를 품고 비판하는 사람들이 있긴 했지만 극소수였죠.

　　다시 말하겠습니다. 정확히 들여다보고 경청하고 읽을 수 있는 것은, 자신의 견해를 형성하는 데 필요한 기본 전제예요.

고유한 비판적 능력을 갖추기 위한 시간 갖기

G: 자신의 견해를 형성하기 위해서는 무엇보다도 시간이 필요합니다.

J: 저는 오늘날 어린아이들이 미처 준비도 되지 않은 상태에서 너무 일찍 결정을 내려야 하는 것을 걱정스럽게 바라보고 있어요. 그런 일이 정말 자주 일어나고 있어요. 너무 자주 말이에요. 책임감을 갖고 행동하려면, 반드시 시간을 내서 자기 행동에 대해 깊이 생각해야 해요. 그러나 어른들은 아이들이 정말 원하는 게 무엇인지 곰곰이 숙고할 시간을 주지 않아요. 그러니 거부의 방법을 찾아내는 아이들이 불가피하게 생길 수밖에 없는 거예요.

아주 일반적으로 말해볼게요. 오늘날은 준비할 시간이 없어요. 특히 청소년들에게 그래요. 그게 고약한 일이죠. 우리는 외부 상황에 의해 가해지는 강제를 그 증거로 제시하지만, 강제를 행사하는 장본인은 외부에서 오는 강압보다는 우리 자신이에요. 우리 스스로 강요를 받았다고 느끼니까요. 이런 생각이 떠오르네요. 항공 교통에는 비행안전에 대한 세 가지 주된 원칙이 있어요.

첫째, 비행속도를 유지할 것. 둘째, 비행속도를 유지할 것.

셋째, 비행속도를 유지할 것.

그 다음에야 다른 안전 규칙들의 효력이 발생합니다. 우리의 세계도 사정은 마찬가지인 것 같아요. 우리가 '비행속도'를 유지하지 못하면 추락한다고 생각합시다.

G : 어디에서나 그렇지는 않다는 게 천만다행입니다. 의심스러운 시간 계획을 따르지 않는 영역들도 여전히 있습니다. 그리고 속도를 늦추라는 외침이 점점 커지고 있습니다.

J : 그 점에 있어서 특히 유대 전통이 생각나는군요. 유대 전통에서는 이야기를 짧게 줄여서 하지 못합니다. 저는 독일이나 영국의 청중을 위해 유대 농담을 짧게 줄여서 이야기할 수 있지만, 축약해서 말한다는 것을 의식하죠. 유대인들 속에 있다면 이야기를 줄이지 않고 전부 다 합니다. 따라서 대단히 오래 걸리죠.

미국이나 영국 또는 독일의 문화에서는 농담의 무게가 마지막 행에 실립니다. 마지막 행에 와서 모든 게 갑자기 뒤집히죠. 유대 문화에서도 마지막 행은 중요해요. 그러나 결정적이지는 않아요. 마지막 행은 모든 것을 바꾸고 줄거리를 뒤집거나 궁극적으로 본래의 익살을 숨기고 있는 행이 아니에요. 익살이든 무엇이든 이야기 전체에 흐르고 있죠. 마지막 행만 그런 게 아니랍니다.

G : 이야기하는 것 자체가 중요하겠네요.

J : 바로 보셨어요. 그러나 그러기 위해서는 이야기하는 것

자체의 진가를 인정할 줄 알아야 해요. 미국의 대학생 대부분은 그렇게 할 수 없어요. 그들은 중대한 오류 없이 글을 단 한 쪽도 쓰지 못해요. 그들은 언어를 존중할 줄 몰라요. 언어의 가치를 평가할 줄 모르죠. 그들은 문학과 관계가 없어요. 특히 소설을 읽지 않아요. 그러면서 단순한 이유를 댄답니다. 소설은 '픽션'이고, 픽션은 규정에 따르면 사실이 아니라는 이유 말이에요. 그러니 시간을 왜 픽션을 읽는 데 낭비하겠어요?

우리 집 아이들을 생각하지 않을 수 없네요. 그 아이들 모두 천사처럼 글을 쓸 수 있다는 점을 강조하고 싶습니다. 우리 아이들은 아주 평범한 학교를 다녔어요. 딸들 중 엘리트 학교를 다닌 아이는 없어요. 아이들이 어렸을 때 우리는 아이들이 글로 쓴 사안에 대해 토론을 했답니다. 어느 날 저녁 'that'과 'which'의 차이에 대해 아주 오랫동안 이야기를 나누었던 게 생각나네요. 언제 어떤 것을 사용하느냐의 문제를 갖고 토론했어요. 우리 집에서는 중요한 테마였죠. 그런 훈련은 가정에서 시작해야 해요. 어떤 사람이 글로 쓴 것을 읽고 진지하게 반응한 첫번째 상대가 대학의 교수라면, 이는 정말 슬픈 일입니다.

G: 그 사이에 학교가 위치합니다. 학교는 무엇을 해야 할까요? 여기에서 학교는 어떤 역할을 하나요?

J: 학교에서 가장 중요한 우선순위는 학생들에게 모국어를 가르친다는 데 있어요. 학교는 학생들이 모국어를 읽고 쓰고 말할 수 있도록 도와주어야 해요. 그런데 학교가 이 과제를 너무 불충분

하게 수행하고 있어요.

컴퓨터를 교과 과정에 편입시키겠다는 계획에 대해 들을 때면, 이러한 새 교과목 때문에 다른 과목이 폐지된다는 생각이 퍼뜩 듭니다. 불가피하게 그렇게 될 수밖에 없겠죠. 어떤 새로운 것이 학교에 도입되면, 낡은 것은 떨어져 나갈 수밖에 없어요.

다시 생각하건대, 우리의 발전을 좀더 신중하게 다루어야 합니다. 우리가 개발한 새로운 방법들을 어떻게 사용할지 잘 숙고해야 해요. 그리고 특히 낡은 방법들을 과연 내버릴지 잘 생각해야 해요. 예컨대 로스앤젤레스와 같은 수많은 미국 도시들은 전차를 없앴어요. 선로를 제거함으로써 전차를 최종적으로 없앤 거예요. 이제 와서 안타깝게 여기는 사람들이 많습니다. 너무 급히 서둘러 행동하지 말았어야 했는데…….

우리는 경험에서 배워야 해요. 1960년대와 1970년대에 컴퓨터 학습 프로그램은 학생들이 이 프로그램을 이용해 스스로 익히고 배울 수 있다는 커다란 희망을 안고 개발되었어요. 수많은 교육자들은 낙관적이었고, 이제 드디어 지식이 민주화된다며 열광했죠. 하지만 그 기대에 부응하는 어떤 것도 나타나지 않았어요. 배움은 결국 지식의 축적 이상인 거예요.

그러나 우리는 동요하지 않고 계속해서 인간적·사회적 문제들을 기술적 수단으로 해결하고 있어요. 미국의 학교 대부분에는 울타리가 쳐져 있죠. 학생들은 학교에 들어서기 전에 격자창살에서 무장해제를 당합니다. 학생들끼리 총을 쏠까 두려워하기 때문이에요. 이와 동시에 인터넷을 통해 다른 나라, 심지어 적대적인 나라의 아이들과 소통한다고 선전을 합니다. 아이들이 가장 가까운 이웃과 서로 싸우는 동안 전세계적인 인류 가족의 전원시를 불러내고 있는 거예요. 이것이 우리의 진보적이고 현실적인 문제 해결방안이라는 겁니다.

G: 학교에서 컴퓨터는 보다 가치 있게 어떤 역할을 해야 합니다. 그런 역할이 전혀 없을까요?

J: 새로운 과학기술이 제공하는 가능성들을 학교에서 외면하고 교실에서 모니터를 없애야 한다는 말이 아니에요. 이야기를 단순화하기 위해 컴퓨터와 텔레비전을 모니터의 범주에 포함시켜 살펴볼게요. 모니터는 물론 어린아이들에게 위험한 점이 있어요. 이미 말한 것이지만, 아이들이 날마다 집에서 모니터야말로 진실의 근원이라고 체험하기 때문이에요. '진실' 이라는 말은 실제 현실이라는 말로 대체해야 할 것 같군요. 아이들은 모니터로부터 실제 현실을 경험합니다. 지금 아이들이 텔레비전 앞에서 평균 몇 시간이나 보내는가 하는 것을 따지려는 게 아니에요. 염려가 되는 정도라는 것은 의심의 여지가 없어요. 그러나 지금 중요한 것은 그것이 아니에요.

배움과 관련해 대단히 위험해 보이는 것은, 지식을 스크린이나 모니터를 통해 받아들이는 방식입니다. 이를테면 지식이 시청자에게 도달하는데, 시청자는 그 어떤 노력도 감수할 필요가 없어요. 전혀 수고할 필요가 없다는 말이에요. 말하자면 버튼만 누르면 되니까요.

그러나 그런 식으로는 배우지 못해요. 반복해서 말할 수 있는 것은, 배움이 지식의 축적을 의미하는 게 아니라는 점이에요. 지식은 오히려 배우는 사람들이 자신의 노력을 투입해서 구축해야 하는 거예요. 그렇지 않으면 어떤 지식도 남아 있지 못합니다. 지식은 노력으로 획득해야 해요. 저절로 수중에 들어오는 게 아니에요.

수학을 예로 들어보죠. 수학자는 예컨대 베를린 같은 대도시의 택시기사와 같아요. 택시기사는 그 도시를 정말 잘 알고 있어요. 승객이 사거리나 어느 길모퉁이를 말하면, 택시기사는 즉각 그 위치를 알아채죠. 그가 길거리 이름 일람표를 달달 외웠기 때문이 아니에요. 택시기사는 어느 한 장소에서 다른 장소로, 또 어느 길에서 다른 길로 가는 방법 또한 알고 있어요. 그는 요령을 알고 있는 거예요. 이를테면 샛길 말이에요. 그리고 많은 경우 전혀 다른 방향으로 가야 할 필요성도 질 알고 있어요. 실제적인 우회로를 알고, 또 혼잡한 '러시아워'가 시작되지 않았을 때 어디로 가야 할지도 잘 알죠. 이 모든 것은 택시기사의 머릿속에 들어 있어요. 자기가 다니는 도시를 알고 있는 겁니다.

수학자의 경우도 이와 비슷해요. 수학자는 수학의 어떤 부분을 알고, 또 그 속을 어떻게 돌아다닐지 잘 압니다. 샛길이 어디 있으며, 어디서 반대방향으로 길을 잡아야 하는지도 알고 있어요. 수학에서는 간단함의 개념이 중요한 역할을 해요. '간단함'이라는 개념 외에 '명쾌함'이라는 개념도 중요해요. 똑같은 것을 설명하는 두 가지 이론이 있다고 가정해보죠. 우리는 왜 어느 한 가지를 선택하고 다른 것은 선택하지 않을까요? 그 이유는 종종 이론의 간단함이나 명쾌함에 있어요. 여기에서 이 개념들을 과소평가해서는 안 돼요. 이를테면 이 개념들은 전제조건 없이 존재하는 게 아니에요. 오히려 수학의 커다란 영역을 정말로 이해했다는 가정 아래 존재하는 거예요. 경험이 대단히 많은 연륜 있는 수학자 두 명이 있다고 합시다. 한 명이 다른 수학자에게 이렇게 말합니다.

"하지만 그건 아주 간단해요. 이 영역과 저 영역은……."

이는 결코 "제가 세미나나 강의에서 학생들에게 이것을 가르칠 수 있어요"라는 뜻이 아니에요. 간단하다는 것은 어떤 출발점을 이미 소화했고, 그 관점으로 논증할 수 있다는 뜻입니다. 그러나 그 출발점에 도달하는 것은 복잡하고 어렵고 아주 힘이 드는 일이에요. 이 길을 피할 방도는 없어요. 그 길을 통해 그 지점에 도달한 뒤에야 비로소 그것은 간단해지죠.

G: 학교에서는 스크린이 행사하는 매력을 학습의 목적을 위해 이용하려고 합니다. '교육'과 '오락'을 합친 신조어 '에듀테인먼트(edutainment)'라는 슬로건이 등장하고 있습니다. 배움은 재미를 주어야 한다는 겁니다.

J: 재미에도 여러 종류가 있다고 생각해요. 진지한 재미 같은 것도 있어요. 이를테면 연구에서 느끼는 기쁨이나 일에서 느끼는 감격 또는 '문제 해결'에서 오는 매력 말이에요. 어떤 것을 분석하고, 거기에서 새로운 통찰을 얻어내고 그 통찰이 옳은 것으로 입증되고 어쩌면 다른 사람들이 그 통찰을 사용하기까지 한다면, 그것은 커다란 기쁨이지만 '에듀테인먼트'와는 전혀 다른 거예요. 저는 게다가 '에듀테인먼트'라는 말을 정말 싫어합니다.

컴퓨터가 어린아이들에게 가져오는 몇몇 위험을 방금 언급했는데, 더 보충하고 싶은 게 있어요. 제가 생각하는 커다란 위험은, 아이들이 컴퓨터에서 거의 모형들에만 몰두한다는 점과 관련이 있어요. 처음에는 마치 컴퓨터가 예컨대 화학과 물리학에서 일어나는 과정을 해명하기 위한 대단히 귀중한 도구라도 되는 것처럼 보여요. 우리는 시뮬레이션을 만들어 분자의 내적 구조 속을 돌아다니며 심지어 분자를 변형시킬 수 있어요. 그리고 새로운 자연법칙도 규정할 수 있죠. 또 우주를 모방하거나 빛의 속도로 우리가 살고 있는 도시의 길거리를 질주할 수도 있어요. 그것은 물론 실제로 실현될 수 없지만, 컴퓨터로 재현할 수 있어요.

G: 그렇다면 컴퓨터는 실험실의 기능을 갖겠군요.

J: 아주 간단한 실험을 묘사해볼게요. 못이 하나 있다고 하죠. 못에 철사가 걸려 있고, 이 철사에 다시 열쇠가 달려 있어요. 또한 무게도 얼마 나가지 않아요. 그리고 전부 무게가 같아요. 이제 이 배열을 스크린 상에 시뮬레이션으로 상상해보세요. 손 하나가 나타나 조심스럽게 열쇠에 힘을 가합니다. 그 결과, 철사가 약간 늘어납니다. 그 다음에 손이 한 번 더 힘을 가합니다. 그럴 때마다 철사는 같은 길이로 늘어납니다. 어느 지점에 이를 때까지는 그래요. 이번에도 똑같은 무게를 사용했지만 철사는 갑자기 전보다 훨씬 더 늘어납니다.

스크린에서 이러한 실험을 행할 수 있어요. 그런데 어떤 학생이 한 번에 그것을 이해하지 못했다고 합시다. 그 학생은 그 실험을 다시 반복할 수 없는지 묻습니다. 교사는 물론 가능하다고 대답하죠. 교사가 버튼을 누르자 다시 시뮬레이션이 반복됩니다. 필요하다면 두 번이든 세 번이든 전혀 어려움 없이 반복할 수 있고, 중간 지점에서 중단시킬 수도 있어요.

하지만 제게 이와 같은 시뮬레이션은 엄청난 시간과 에너지 낭비를 의미해요. 어느 교실에나 못과 철사가 있기 마련이어서 실험을 직접 수행할 수 있어요. 스크린의 중개가 필요하지 않다는 말이에요. 여기에서는 결국 빛의 속도를 갖는 시뮬레이션이 중요한 게 아니에요. 이런 실험은 학생들 스스로 실행할 수 있는 거예요. 그렇게 되면 학생들은 그 실험이 어떻게 작동되는지 훨씬 명확하게 알게 될 거예요.

물론 여기서 짚고 넘어가야 할 더 중요한 사안이 있어요. 그것은 교사의 발언입니다.

"그래, 물론 실험을 반복할 수 있어."

자연 상태에서라면 그 실험을 반복할 수 없겠죠. 자연에는 반복 가능한 게 극히 적으니까요. 자연에서는 우리가 무언가를 하면 변화합니다. 다르게 표현해볼게요. 어떤 학생이 화학실험실에서 수행한 실험을 보고하고, 또 그가 실험의 결과라고 부르는 숫자들이 이론적으로 예상되는 숫자와 동일하다고 보고한다면, 그것은 그가 실험을 실제로 실행하지 않았다는 것에 대한 증거가 됩니다. 왜냐하면 실험의 결과가 사전에 이론적으로 계산한 것과 일치하는 경우는 극히 드물기 때문이에요. 이것은 중요한 통찰입니다. 이 통찰은 아무리 힘을 주어 강조해도 지나치지 않아요. 특히 교사는 이것을 알고, 이 점에 대해 학생들과 이야기를 해야 합니다. 우리가 컴퓨터로 하고 있는 것은 거의 전적으로 시뮬레이션이에요. 모델을 갖고 일을 하는 거예요. 그 점을 분명히 인식해야 해요. 저는 전세

계에서 얼마나 많은 교사들이 모델 이론(model theory)[1]에 대해 알고
있는지 정말 궁금합니다.

[1] 고찰대상(考察對象) 사이에 어떤 상사(相似), 유비(類比), 동형(同型) 등의 관계가 나타나는
모델을 설정하고, 이를 해석함으로써 직접 파악하기 어려운 현상 해명의 자료로 삼는 이론.

컴퓨터와 학교

G: 오늘날은 학생들에게 컴퓨터가 중심 역할을 하는 세계에 대한 준비를 가능한 한 일찍 시켜야 한다는 견해가 일반적입니다. 수업 중에 컴퓨터에 대해 무엇을 얼마나 많이 배워야 할까요?

J: 아이들이 세상에서 직면하게 될 것을 알아야 하므로 학교에서 컴퓨터에 관한 것을 가르쳐야 한다는 말을 줄곧 듣고 있습니다. 결국은 컴퓨터가 세계 어디에나 있다는 말이에요. 하지만 그 반대되는 논증을 몇 가지 열거할까 해요. 첫째, 세계 어디에나 있지만 수업시간을 사용하여 전부 다 가르치거나 습득해야 한다고 요구할 필요가 없는 일들도 많습니다. 또한 오늘날 어린아이들은 학교수업에서보다 소위 '또래집단' 속에서 컴퓨터 다루는 법을 훨씬 빨리 배웁니다.

그리고 이뿐만이 아니에요. 저는 손자들에게서 아이들이 학교나 유치원에서 배우지 않는데도 세계의 과학기술을 거의 자동적이라고 할 만큼 얼마나 빨리 배우는지 관찰할 수 있었어요. 제 손자가 세 살 때였을 겁니다. 함께 승강기가 있는 건물에 들어갔어요.

승강기에 들어서자마자 손자가 이렇게 물었어요.

"제가 층 버튼을 눌러도 돼요?"

이것은 거의 표준적인 상황입니다. 아이들 모두 그렇게 할 거예요. 그게 무슨 말이냐고요? 그것은 승강기 버튼을 누르면 어떻게 되는지 아이가 이해한다는 것을 뜻합니다. 그것은 원래 상당히 복잡한 사안이에요. 아이는 버튼을 누르면 어떤 일이 생기는지 알고 있어요. 그뿐 아니라 어떤 버튼을 누르는가 역시 결정적으로 중요하죠. 이를테면 승강기가 올라갈지 내려갈지 여부는 어떤 버튼을 누르는가에 달려 있으니까요.

전화는 또 다른 예가 될 거예요. 아주 어린 아이도 당연히 전화기를 다룰 줄 알아요. 전화기에서 나오는 소리를 듣고 또 전화기에 대고 말도 하죠. 아이들은 자기들이 듣는 것이 엄마의 목소리라는 것을 즉각 이해해요. 그리고 전화기에 대고 말할 때 엄마가 자기들의 목소리를 듣는다는 것도 알아요. 이러한 과정이 복잡하지 않은 게 절대 아니에요. 그런데도 어린아이들은 그 과정을 파악하죠. 다시 강조하고 싶어요. 어떤 것이 어디서나 나타나고 우리 모두 그것을 사용하고 있다고 해서, 학교가 반드시 시간을 내어 그것을 가르칠 필요는 없어요. 학교가 세상에서 무언가를 배우는 유일한 장소는 아니니까요.

이와 관련하여 본질적인 질문은 오히려 이것일 거예요. '어떤 수준에서 아이들에게 컴퓨터를 설명할 것인가?' 완전히 상이한 여러 가능성이 존재합니다. 우선 머리에 떠오르는 가능성은 컴퓨터 게임을 이용하는 거예요. 예컨대 비행모형 장치를 조작하는 것은 상당히 재미있을 거예요.

여기서 잠깐 다른 이야기를 해볼게요. ‘조작하다’[1]라는 단어와 관련 있는 이야기예요. 우리는 오늘날 컴퓨터의 시종(server)이 될 가능성이 다분히 있어요. 그런데도 그 사실을 전혀 눈치 채지 못해요. 우리는 서서히 기계의 일부가 되어가고 있어요. 이것은 속도와 작업 방법을 우선시하는 컨베이어벨트에 비유할 수 있죠. 찰리 채플린의 영화 〈모던 타임스Modern Times〉를 생각해봅시다. 원래 우리에게 봉사하기 위해 만들어진 기계의 시중을 이제 우리가 들고 있어요. 여기에서 관계가 뒤바뀔 수 있어요. 우리가 기계의 시종이 되는 거죠. 이제 우리의 아이들이 그 일을 얼마나 일찍 시작해야 하는지 생각해봅시다.

우리가 아이들에게 제공하는 설명의 수준에 대한 질문으로 돌아가보죠. 무엇으로 시작해야 할까요? 컴퓨터 언어부터 시작할까요, 아니면 구조부터 시작할까요? 여러 가능성이 있지만, 우리는 설명 수준을 결정하고 이런 설명 수준을 선택한 이유를 대야 할 거예요. 이에 관한 토론이 없는 게 아쉽습니다.

G: 컴퓨터와 관련하여 학교의 과제를 어디에 두어야 적당할까요?

J: 강조하는 의미에서 한 번 더 언급하지 않을 수 없네요. 학교가 컴퓨터 수업을 전혀 하지 않는다고 해도, 그러니까 수업에서

---

[1] 독일어 bedienen은 영어의 serve, 즉 ‘봉사하다’ ‘시중들다’의 뜻과 operate, 즉 ‘취급하다’ ‘조작하다’라는 뜻을 지니고 있다.

컴퓨터를 사용만 할 뿐 정보통신공학과 같은 전공이 없다고 해도, 그것이 확실히 파국은 아닐 거예요.

비슷한 예를 하나 들어볼게요. 방금 이야기한 것처럼 계속 말하면서 '컴퓨터'라는 단어를 '피아노'라는 단어로 바꿔보죠. 학교와 관련하여 컴퓨터에 대해 말하는 대신 이제는 피아노에 대해 말해볼게요. 여기에서 앞서 말한 것을 그대로 해보죠. 세상에는 물론 수많은 피아노가 있지만, 그렇다고 해서 네 살 정도 된 어린아이가 매주 두 시간씩 반드시 피아노 수업을 받아야 할 필요는 없어요. 그것은 절대적으로 필요한 일이 아니에요. 뿐만 아니라 피아노를 치는 것은 학교 밖에서도 배울 수 있어요. 이것은 제가 음악수업이나 음악에 대해 반감을 갖고 있다는 말이 아니에요. 사실은 정반대예요. 그것은 우선순위에 관한 질문이에요. 저는 모든 교실에 어린 모차르트가 있을 수 있으니 만일을 생각해서 아이들 모두를 후원하여 모차르트와 같은 재능이나 이런 재능을 가진 두세 명의 학생들을 놓치지 말아야 한다고 생각하지는 않아요. 아이들이 정말로 음악에 대한 관심을 표현한다면, 학교는 아이들에게 이러한 관심을 충족시킬 수 있도록 여건을 조성해야 해요. 학교는 학생들에게 피아노 연주를 배울 수 있는 가능성을 제공해야 하죠.

컴퓨터에도 이와 똑같은 논리가 적용되어야 해요. 학교에 컴퓨터 클럽 같은 것이 있다면, 저는 이 클럽을 후원하고 교사들이 이와 같은 것을 이해하도록 도울 거예요. 그렇게 되면 오래지 않아 상급반 학생들이 하급반 학생들을 도울 수 있을 거라고, 어쨌든 컴퓨터에 관심이 있는 학생들을 도와줄 거라고 확신해요.

저는 컴퓨터를 학생들에게 내주지 말아야 한다고는 전혀 생각하지 않아요. 이와 관련하여 자주 오해를 받곤 하지만 저는 컴퓨터 자체에 대해 전혀 반감이 없어요. 오히려 그 반대예요. 컴퓨터가 제게 어떤 의미에서 멋진 삶을 가능하게 해주었음을 고백하지 않을 수 없네요. 또한 저는 컴퓨터가 학교에서 아무런 역할도 하지 말아야 한다고 주장하는 것도 아니에요.

G: 그렇다면 '어떻게'가 중요하겠네요.

J: 맞습니다. 한번은 어느 물리학자와 그 점에 대해 이야기를 나누어보았어요. 노벨상을 수상한 사람이었죠. 그 사람이 이렇게 말했어요.

"그건 아주 간단해요. 저는 제 학생 각각에게 직접 컴퓨터를 만들어보라고 권합니다."

저는 이 대답이 무척 마음에 들었어요. 다시 설명 수준에 대한 질문으로 돌아갈게요. 제 말은 물론 전자로 시작하여 우선 아주 빠른 스위치를 만드는 것을 배우자는 게 아니에요. 오히려 이러한 부분들은 이미 전제조건으로 간주된다는 말이죠. 그 목적은 물리학에 관심을 두는 데 있지 않아요. 그보다는 컴퓨터의 구조에 관한 어떤 것을 배워서, 실제로 어떤 일이 일어나는지 인식하는 데 있어요. 게다가 그 과정이 정말 까다로운 것도 아니에요. 어쨌든 그 과정을 통해 컴퓨터의 신화적 요소가 배제될 테니 좋은 일 아닐까요.

저의 학창시절이 생각나네요. 망명 직후였죠. 그러니까 미국 생활의 초창기 때였어요. 그때 운이 무척 좋았다고 말할 수도 있어요. 선반을 다루는 방법을 배울 기회를 가졌으니까요. 간단한 부품들을 가지고 증기기관을 만들어보라는 과제를 받았어요. 그 부품들을 심지어 직접 제작해야 했죠. 선반을 이용해 만들어야 했어요. 아주 오래전의 일이지만, 여전히 생생하게 기억할 수 있어요. 저는 지금도 증기기관뿐 아니라—어쩌면 훨씬 더 중요한 것일 텐데—선반에 대해서도 잘 알고 있답니다. 이는 제게 특별히 가치가 있었고 저의 직업생활 전체에 결정적인 영향을 주었어요. 저는 선반의 기능을 순전히 물리학적이거나 순전히 논리적이거나 순전히 수학적인 기능으로 경험하지 않았어요. 손으로 기계 바퀴를 돌렸죠. 금속이 소위 씹힐 때까지 말이에요. 그것이 어떻게 작동하는지 이해하실지 모르겠네요.

이 일에 관여하는 지능—저는 이 개념을 아주 의도적으로 사용하고 있어요—이 전적으로 머릿속에만 있는 게 아니라 팔과 손목 그리고 손에도 있다는 점이 중요해요. 이 일을 배웠을 때 저는 무척 어린 나이였어요. 그 당시에는 아직 컴퓨터를 생각조차 하지 못했죠. 일명 컴퓨터 전문가가 된 훨씬 나중에 컴퓨터로 조종되는 선반이 어떻게 만들어지는지 알게 되었어요. 여기에서 여러 가지 질문이 떠오릅니다.

'인간을 어디까지 대신할 수 있을까? 인공지능의 경계는 어디인가?'

제가 이런 질문에 어떻게 대답하는가는 학창 시절의 경험과 관련이 있었어요. 그 당시 열세 살 된 학생으로서 배운 것이 이를테면 저의 구원으로 이어졌어요. 그 덕분에 저는 지능을 일차원적으로 파악하려는 위험에 빠지지 않았다고 생각해요. 단순한 활동에서 기계가 인간을 대신하기는 하지만 기계에게 모든 것을 넘겨주지는 못한다는 사실을 잘 알고 있었으니까요. 지능이란 바로 저의 머릿속에서 진행되는 것만이 아니에요. 저는 그 점을 아주 똑똑히 경험했어요. 소형 컴퓨터를 만들고 전선과 컴퓨터에 속하는 모든 것을 서로 연결하라는 과제가 이와 비슷하게 결정적으로 중요한 영향을 미칠 수 있다는 것은 충분히 상상할 수 있어요.

G: 이는 우리가 추상적인 것이 지배적인 특성이라고 말한 것과 결부되네요.

J: 제가 이미 언급한 것이기도 한데, 오늘날 어린아이들이 우리보다, 즉 우리가 그 아이들 나이였을 때보다 훨씬 많이 알고 있다는 말을 종종 듣습니다. 예를 들면 제가 아이였을 때 호놀룰루가 순전히 꾸며낸 허구적인 도시라고 생각했던 기억이 나요. 도시의 이름이 마음에 들었어요. 아주 멋지게 들렸거든요. 따라서 그런 도시가 실제로 있을 거라고 믿기 어려웠어요. 오늘날에는 아이들이 이런 착각을 더 이상 하지 않을 거예요. 아이들은 호놀룰루가 존재한다는 걸 너무도 잘 알고 있어요. 그 도시를 텔레비전에서 수천 번이나 보았을 테니까요. 특히 경찰, 폭력, 형사, 헬리콥터 등과 연관해서 말이에요. 아이들은 호놀룰루를 알고 있어요. 그러나 아이들이 호놀룰루에 대해 정말로 무얼 알고 있을까요?

우선순위 정하기

G: 학교나 컴퓨터와 관련해 제한된 시간에 대해 이야기를 나누었는데요. 학교에서 실패하고 있는 것은 무엇일까요?

J: 여러 관점에서 학교의 수단은 제한되어 있어요. 재정적인 수단과 관련해서만이 아니라 시간에 관한 것도 그래요. 학생들은 제한된 시간 동안만 학교에 있어요. 교과과정에 어떤 새로운 것을 받아들인다면 논리적으로 볼 때 낡은 것은 탈락해야 하죠. 이로써 우선순위에 대한 질문에 이르렀네요. 저는 그 점에 대해 생각하는 사람들—학교 문제에 관한 전문가들을 말해요—이 너무 적다는 사실에 계속 놀라고 있어요.

그 다음에 구체적으로 묻는다면—즉 "선생님 견해에 따르면 무엇이 떨어져 나가야 합니까?"라는 식으로 말이에요—미국에서는 보통 '역사'라고 대답할 거예요. MIT 학생과 강사들은 이 점에서 의견이 일치해요. MIT에서 배우는 것이 가령 역사의 숫자나 역사적 사건처럼 정말 컴퓨터가 잘 보존할 수 있는 것이라면 역사과목을 포기할 수 있다는 게 그 근거예요. 그래서 그에 상응하는 정보가 필요할 때 어디서 찾으면 되는지 정확히 알고 있다고 해요.

제가 정말 걱정스럽게 여기는 것은, 컴퓨터를 학교에 도입하는 것에 관한 토론을 통해 학교 본래의 문제가 완전히 배제된다는 점이에요. 컴퓨터를 처음부터 해결방안으로 여기기 때문이죠. 우리 사회에서 대단히 자주 일어나고 있는 것처럼, 문제가 일단 기계화되는 일이 벌어지고 있어요. 즉, 아주 상이한 생활영역에서 생겨나는 질문들이 기술적인 문제가 되고 있는 거예요. 그리고 우리는 이미 이러한 기술적인 문제를 해결할 수 있는 도구를 다행히 갖고 있어요. 이것은 결국 우리의 학교와 연관하여 실제로 제기해야 할 질문들이, 그러니까 본질적인 질문들이 전혀 제기되지 않는다는 것을 말해요.

미국에는 오래전부터 "조니는 읽을 수 없다(Johnny can't read)"라는 구호가 있어요. 일종의 슬로건인 셈인데, "그 아이는 읽을 수 없다"라는 의미예요. 그러자 컴퓨터 회사—이 경우에는 IBM—는 즉각 방책을 알아내고, '읽기 학습' 프로그램을 갖춘 컴퓨터 시스템을 내놓았어요. 그리고 얼마 뒤 실험에서는 이러한 프로그램이 실제로 학생의 읽기 능력을 개선시켰다는 게 드러났어요. 위대한 승리이자, 컴퓨터가 이런 경우에도 다시 그 특성상 '보편적 문제 해결자'로 입증된 증거라고 칭송받았죠.

하지만 간과하지 말아야 할 것은 조니가 왜 읽을 수 없는지에 대해 전혀 묻지 않았다는 점이에요. 이 사실의 심각성을 강조하기 위해 다음의 사실을 아는 것이 중요해요. 즉, 미국에서는 적어도 청소년 3분의 1이 읽을 줄 모른다는 데서 출발해야 해요. 이것은 대략적인 평가가 아니라 공식적으로 확인된 사실이죠. 미국 청소년의

3분의 1은 글을 읽을 줄 몰라요. 그들은 만화를 보고 표지판을 해독할 수 있지만, 독일의 《빌트Bild》지 같은 쉬운 신문조차 읽지 못해요. 사용설명서나 안내문에 대해서는 말할 필요도 없죠.

이런 사실을 안다면 첫번째 질문은 당연히 다음과 같아서는 안 될 거예요.

'읽기 능력을 무엇으로 개선할 수 있을까?'

이는 두번째 질문이어야 해요. 너무도 분명하고 명확해서 전혀 제기되지 않거나 너무 늦게 제기된다는 점에 계속 놀라게 되는 첫번째 질문은 이것이어야 해요.

'조니는 왜 읽을 수 없을까? 조니는 왜 학교에서 읽는 것을 배우지 못했을까? 조니는 왜 학교에서 읽기를 배우지 않을까?'

이런 질문들을 따라가다 보면, 어쩌면 조니가 수업시간에 배가 고파서 집중할 수 없다는 사실을 알게 될지 모를 일이에요. 그리고 그게 사실이라면 다른 질문들이 이어질 수 있어요.

'어떻게 그럴 수 있지? 학교에는 아침식사와 점심식사 프로그램이 있는데. 그때 먹을 것을 얻을 텐데.'

그 다음에는 이러한 식사 프로그램이 한동안 없었다는 것도 알게 될 수 있어요.

'이유가 뭘까? 그럴 돈이 더는 없기 때문이지.'

그렇게 되면 대체 무엇이 그렇게 중요해서 점심식사 프로그램을 포기했느냐고 물어봐야 해요. 그러니까 다시 우선순위에 대한 질문을 해야 하는 거예요. 그리고 이러한 구체적인 경우에는 책임자들이 불쾌하게 느끼는 정치적인 질문도 해야 해요. 다시 아주 분명해집니다. 물론 컴퓨터는 이러한 발전에 죄가 없어요. 그러나 컴퓨터는 본질적인 문제를 배제하는 데 이용되고 있어요. 게다가 미국에서 배고픔은 아이들이 학교에서 원래 해야 하는 만큼 배우지 못하는 이유 중 하나일 뿐이에요. 또 다른 이유는 많은 아이들이 교사들과 마찬가지로 학교에 있을 때 불안해한다는 데 있어요.

그다지 오래된 일은 아니지만, 미국의 학교들에서는 마약 문제가 가장 골칫거리였어요. 이제는 더 이상 그렇지 않아요. 그러나 그 문제가 '해결되었거나' 적어도 줄어들어서가 아니에요. 그보다는 다른 문제가 그 사이에 더 커졌기 때문이죠. 그것은 학교에서의 무기 문제예요. 금속 탐지기가 사용되는 정문에서의 검사에 대해 이미 말했죠. 그래서 교사와 학생이 불안해 한다는 것은 물론 상상할 수 있어요. 이러한 분위기에서라면, 읽기 또는 그 어떤 것을 가르친다는 게 확실히 어려울 거예요.

세번째 이유—이것은 물론 배고픔과 밀접하게 연관됩니다—는 엄청난 수의 미국 어린이들이 빈곤상태에서 살아간다는 데 있어요. 이 아이들은 희망도 전망도, 읽기나 이와 비슷한 것을 배워야 할 필요성에 대한 통찰도 없이 살아가고 있어요. 읽고 쓰기는 것이 그 아이들에게 무슨 도움이 될까요? 이 아이들이 자라나고 있는 환경에서는 어쩌면 이미 3대 또는 4대째 실업이 지속되고 있을 텐데 말이에요. 교육이나 배움과 관련되는 장래계획을 세울 수 없는 거죠.

무엇을 할 것인가

G: 우리는 무엇을 해야 할지 원래 너무도 잘 알고 있지만, 그것을 행하지 않습니다! 뉴올리언스도 이에 대한 하나의 예가 됩니다. 허리케인 카타리나가 2005년 8월 28일 뉴올리언스에 엄청난 수해를 야기했습니다. 댐이 부서졌기 때문이죠.

J: 유감스런 사건이지만, 적절하다는 의미에서 좋은 예인 것 같아요. 우리는—'우리' 라는 것은 미국 정부만이 아니라 인류 전체를 말해요—무슨 일이 벌어질지 최소한 일주일 전에는 알았어요. 일기예보는 오늘날 대단히 정확해요. 모두 그것을 알았지만 아무것도 하지 않았죠. 그 다음에 허리케인 카타리나가 닥쳤고, 세계는 살아 있는 도시가 위로할 길 없는 잔해로 바뀌는 것을 지켜보았어요. 어떤 변명의 여지도 없어요.

이것은 2004년 12월 말 동남아시아에서 지진해일 쓰나미 재앙이 일어난 것과는 사정이 아주 달라요. 미국에는 상응하는 조기 경보 시스템이 있었고, 이 시스템이 제대로 작동했으니까요. 그러나 그런 시스템의 작동은 아무것도 해결해주지 못했어요. 이것은 늘 똑같아요. 정치인들은 다음 선거를 준비하고, 유권자들을 위해 약속거리를 생각해내고, 전혀 책임감 없이 행동하고 있어요.

이러한 무책임을 범죄라고 칭하고 싶어요. 그것은 이를테면 의도적인 근시안적 태도예요. 그리고 이러한 근시안적 태도가 작동하는 것은 아무도 더 이상 정확히 들여다보지 않기 때문이에요.

G : 그래서 다시 개인의 가능성에 대한 물음이 제기됩니다. 개인은 무엇을 할 수 있을까요?

J : 개인이 언급된 것은, 방금 말한 것이 각각의 인간에게 적용되고 일상생활에서 중심 역할을 하기 때문이에요. 환경오염을 예로 들어보죠. 이것도 우리가 무엇을 해야 할지 절대 모르는 경우가 아니에요. 오히려 정확히 알고 있어요. 그러나 실제로 무언가를 변화시킬 정도로 정치적으로 조직화할 의지가 우리에게 있는가 하는 것은 다른 문제예요. 현재 산업은 온실효과에 대한 연구를 더 많이 요구하고, 미국의 담배 회사들은 담배가 인간을 병들게 만든다는 사실이 과학적으로 입증되지 않았다고 여전히 주장하고 있어요. 과학적으로 아직 정확히 증명되지 않았기 때문에 실험을 더 해야 한다는 말이에요. 하지만 우리는 이러한 주장들이 정말 말도 안 되는 소리라는 것을 너무 잘 알고 있죠.

도시들의 대기오염에 맞서 무언가를 할 수 있는 가능성은 열려 있어요. 예컨대 시내에 개인용 승용차가 들어갈 수 없게 막는 것도 그중 하나겠죠. 독일은 이러한 방법으로 대기오염의 부담을 줄이는 데 상당히 기여할 수 있을 거예요. 그러나 이러한 제안을 진지하게 고려한다면, 분명히 누군가가 한마디 하겠다고 나설 겁니다.

"그러나 우리가 그것을 하고 다른 나라들이 하지 않는다면, 오히려 우리에게 부정적인 결과를 가져올 겁니다."

제가 과학과 기술이 발전할 때마다 우리가 미처 생각하지 못했거나 무언가를 소홀히 한 결과 어떤 일이 생길지 모른다고 말하면 이런 반응이 나오곤 해요.

"그렇죠. 무슨 일이 일어날지 우리가 원칙상 알 수 없지만 우선 모든 것을 시험해볼 수 있습니다."

아주 드물긴 하지만 이렇게도 말합니다.

"독일이 자동차를 시내에서 내보낸다면, 프랑스도 가세할 수 있을 겁니다."

그러나 이런 말을 저는 거의 듣지 못하고 있어요. 그 대신 오히려 요구가 많아지고 있죠. 그리고 그것은 전문가들이 결정해야 한다는 걸 의미해요. 담배의 예처럼 말이에요. 우리는 우리 자신의 결정 능력을 내어줍니다. 이른바 전문가들이 그것을 더 잘 알고 있기 때문이에요. 그러나 그것은 맞지 않아요. 우리가 무엇을 해야 할지 모른다는 것은 사실이 아니에요.

G: 우리는 책임을 벗을 수 있다는 것을 기뻐합니다.

J: 맞습니다. 이는 생각하기를 게을리 하는 것만이 아닙니다. 그것은 동시에 도덕적인 태만이에요. 피사 연구[1]를 생각해봅시

---

[1] Pisa(Programme for International Studentassesment) Study, 종합 이해력 중점의 학습능력 테스트.

다. 발표 후 많은 사람들이 당혹스러워했습니다. '독일의 순위가 이토록 형편없다니 어떻게 이럴 수가 있을까? 시인과 사상가의 나라가 어떻게 문화적으로 폐허가 될 수 있었단 말인가?'

제가 볼 때 그 대답은 상당히 뻔해요. 독일 사회에서는 배우고 가르치는 일이 그 가치를 잃어버렸어요. 교육이 의심쩍은 에듀테인먼트, 소비, 재미, 무절제한 욕망 등과 같은 '가치' 들로 대체되었어요. 부모가 자녀들의 사회적·문화적 교육에 대한 책임을 텔레비전과 컴퓨터에 내어준 지도 오래 되었고요. 그리고 이 두 개의 화면은 서로 보완하며 아이들의 두뇌가 두 화면에 쉽게 감동받도록 만들어버리죠.

G: 교수님이 생각하시는 것처럼 인간을 게으르게 만드는 것은 무엇일까요?

J: 편리함 때문이에요. '우리가 무엇을 할 수 있겠어?' 라는 질문은 바로 편리함을 드러내는 표현이거나 최소한 회피하는 형태인 것 같아요. 즉, 무엇을 해야 하는지 알고 있기는 하지만 좀더 쉽고 자신에게 희생을 덜 요구하는 어떤 다른 것이 있기를 바라는 거죠. 자신에게 익숙한 모든 편리함을 계속 누릴 수 있도록 말이에요. 뿐만 아니라 개인은 다시 무력하다고 선언됩니다. 이보다 더 심한 경우에는, 건전지를 쓰레기통에 버리면서 괜찮다고 말함으로써 개인이 스스로를 무력하다고 선언하죠.

"건전지 몇 개인데 뭐. 그게 뭐 어떻겠어?"

그리고 개인은 그다지 중요하지 않다고 주장하는 일종의 면책특권이 생겨납니다. 스스로 행동하는 대신, 개인은 《프랑크푸르터 알게마이네 차이퉁*Frankfurter Allgemeine Zeitung*》이나 《뉴욕 타임스》에 편지를 써서 사회가 쓰레기를 분리하고 건전지를 조심해서 제거해야 한다고 요구하는 거예요.

다시 영화의 예가 떠오르네요. 제가 알고 있는 중요한 영화 중 하나예요. 다하우 강제수용소[2] 개시 기념일에 즈음하여 텔레비전에서 본 영화였는데, 제목은 〈4월 3일〉이에요. 영화의 사건은 1945년 4월에 진행됩니다. 그러니까 전쟁이 거의 끝날 무렵이었죠. 적어도 그 끝이 보일 때였어요. 무대는 남부 독일의 어느 작은 마을이에요. 역에 기차가 멈추더니, 가축운반용 화물열차 세 칸의 연결이 풀리고 그대로 방치됩니다. 열차 칸은 강제수용소 수용자들로 가득 찼어요. 마을사람 누구나 그 사실을 알고 있어요. 비명, 신음소리, 흐느낌 등을 분명히 들을 수 있으니까요. 그러나 아무도 어떤 행동을 하지 않아요. 아무도 감금된 사람들을 도울 용기를 내지 못하는 거예요.

제가 특히 끔찍하게 여기는 장면에서 몇몇 주민들이 모입니다. 그것도 마을에서 관심의 대상이 되는 지위를 가지고 있는 주민들인 의사와 시장, 그리고 몇몇 다른 사람들이 회합을 갖는 거예요. 그들은 각자 자신이 아무것도 할 수 없다는 것을 아주 구체적이고 이성적이고 논리적으로 변명할 준비가 되어 있어요. 각자 책임을 부인하는 거죠. 영화는 이러한 태도를 대단히 고통스러울 정도로

---

[2] 1933년 3월 22일 정치범 수용 캠프를 만들라는 히틀러의 지시로 다하우에 세워졌다. 정치범 수용이라고 했지만 실제로는 유대인 수용이 목적이었다. 1945년 4월 29일 미군에 의해 그 기능을 상실할 때까지 20여 만 명의 유대인이 수용되었고 4만3000여 명이 목숨을 잃은 것으로 전해진다.

분명히 보여줍니다. 저는 이 영화를 학교에서 상영하기를 간곡히
권합니다. 독일의 학교에서만이 아니라 어디서나 말입니다.

시민의 용기

G: 그러나 결국 수동적 태도의 합의에서 벗어나는 사람이 있습니다.

J: 그래요. 그것도 음식점 주인의 딸이자 히틀러에 열광했던 독일소녀연맹[1] 소녀가 말이에요. 그녀가 잡힌 사람들에게 먹을 것을 가져다줍니다. 그러자 어떤 다른 여자가 그녀를 도와주죠. 그러나 처음에 그녀는 완전히 혼자였어요.

G: 이성의 외로운 섬이군요.

J: 모든 개인은 중요해요. 이성적이고 인간적으로 행동하는 각각의 인간은 이미 작은 섬이에요. 이것이 중요한 거예요. 이러한 인간은 다른 사람들과 연결되는 다리를 세우고, 섬들이 연합하여

---

[1] BDM(Bund Deutscher Mädel): 히틀러소년단(Hitler Youth)에 맞먹는 나치독일의 유일한 젊은 여성 조직.

섬들의 집단이 되도록 애쓸 수 있으니까요. 그러나 섬의 모습에 있어서, 섬들이 한동안 고립될 수 있고 그것을 견뎌내야 한다는 것도 의미가 없지 않아요. 아주 특별히 어려운 것은 어쩌면 혼자 있는 것을 견뎌내는 것일지 몰라요.

생각나는 체험이 있어요. 저는 메인 주에서 혼자 작은 돛단배를 타고 항구에서 나갔어요. 바다로, 대서양으로 나갔죠. 그때 물결은 항구에서처럼 고요하지 않았고, 바람도 더 세졌어요. 그래서 부랴부랴 배를 다시 항구 방향으로 돌렸죠. 그렇게 하는 게 쉽지는 않았어요. 바람이 너무 세서 여간해서는 항구로 곧장 들어갈 수가 없었어요. 바람에 가로막혀 지그재그로 갈 수밖에 없었죠. 어쨌든 그 일은 쉽지 않았어요. 그렇게 말할 수밖에 없네요. 결국 항구로 다시 돌아가는 데 오랜 시간이 걸렸어요. 제 예상보다 훨씬 오래 걸렸죠. 그때 갑자기 저 자신을 책임지는 것은 오직 저뿐이라는 것을 깨달았어요. 아무도 저를 도울 수 없었던 거예요.

그 순간에는 제가 물질적으로뿐만 아니라 지적으로도 부유하냐 아니냐 하는 것이 전혀 중요하지 않았어요. 그러니까 제가 대학공부를 했느냐 아니냐, 또는 정서적인 차원에서 사람들이 절 좋아하느냐 아니냐 하는 것이 아무런 상관이 없었어요. 이 모든 것이 그런 상황에서는 전혀 의미가 없었죠. 제가 의지할 곳은 전적으로 저 자신뿐이었어요.

우리 사회에서는 바다에 혼자 배를 타고 나갈 기회가 흔치 않을 거예요. 우리는 사회 속에서 거의 전적으로 항구에서만 살아가고 있어요. 때로는 이 항구, 또 때로는 저 항구 등 항상 같은 항구는 아니지만 말이에요. 그리고 대개는 우리를 배려하는 다른 사람들이 있어요. 정말로 우리 자신을 위해 무언가를 결정할 기회가 흔치 않거나, 그런 요구를 받는 일도 드물어요. 우리의 소비사회에는 예컨대 광고가 있어서, 우리에게 무엇을 해야 할지 권해줍니다. 결정해준다고도 말할 수 있을 거예요. 어느 정도 유복한 상태가 되면 상당히 게으르게—지적으로 게으르거나 정신적으로 게으른 것을 말해요—살아갈 수 있어요.

예전의 소위 사회주의 국가들도 이것을 주장했죠. '소위'라는 말을 붙였는데, 사회주의 나라들에서 실제로 제가 합리적인 이념으로 여기는 사회주의의 이념이 실현되었다고 생각하지 않기 때문이에요. 그러나 그것은 다른 문제예요. 어쨌든 사회주의 나라들에는 국가가 인민들을 위하는 쪽으로 결정을 했어요. 그래서 누구나 안정적인 일과 집, 그리고 식량이 있었고, 이러한 것을 걱정할 필요가 없었어요. 누구나 자신의 결단력을 결코 시험해보지 못했죠.

우리 사회의 문제로 돌아가보죠. 우리의 경우에도 어떤 사람이 자신을 위해 스스로 결정해야 하는 일은 거의 없어요. 예전의 소비에트연방을 엿볼 필요가 전혀 없어요. 우리가 그 어떤 곤경—특별히 물질적인 곤경을 말하는 게 아니에요—에서 벗어나서 무언가를 결정해야 하는 계기는 극소수일 뿐이에요.

나는 누구이고, 무엇을 원하고, 왜 여기에 있는가? 내가 이렇게 또는 저렇게 행동한다면 무엇이 달라질까? 다시 말해 '그것이 어떤 차이를 만들까'를 물어야 해요. 자신이 누구인지 실제로 어떻게든 결정해야 하는 상황에 이르게 되면, 갑자기 혼자인 게 좋을 수 있어요. 특히 이러한 결정과정의 첫번째 단계에서는 그래요. 제가 매번 놀라워하는 것은 이러한 일들이 너무 공공연하다는 점이에요.

그 일들은 너무 명백해서 누구나 이렇게 말할 수 있을 정도예요.

"그래, 요제프, 그건 전부 맞는 말이야. 하지만 너는 왜 그걸 강조하니? 왜 너는 그것에 대해 계속 말하는 거야? 우리도 다 알고 있는데."

하지만 우리가 그것을 알지 못하고 어쨌든 기억하지 못하며 그것에 반응하지 않는다는 것 또한 분명해요.

G: 지식의 차원에는 여러 가지가 있습니다.

J: 그 점에 대해서는 제 딸 나오미를 생각하지 않을 수 없네요. 나오미가 한번은 제게 와서 말하기를, 열두 살 때 쓴 일기를 읽었다고 했어요. 일기 속에서 우연히 어떤 중요한 것을 보게 되었고, 그래서 무척 슬펐다고 합니다. 나오미는 이렇게 말했어요.

"맙소사, 저는 아무것도 배우지 못했어요! 그것에 대해 이미 열두 살 때 알고 있었는데, 어제는 완전히 새로운 통찰이라고 생각했어요."

우리 인간들은 일단 입력되기만 하면 모든 것이 남아 있는 컴퓨터 기억장치를 갖고 있는 게 아니에요. 아니면 CD나 DVD를 생각해보죠. 이런 것에 수록된 것은 남아 있어요. 그러나 우리의 경우는 그렇지 못하죠. 나오미는 그 전에도 그 일기를 다시 읽은 적이 있었으면서도 그 순간에는 중요하지 않기 때문에 별 반응을 보이지 않았을 수도 있어요. 그리고 어느 날 갑자기 다시 느껴진 거죠. 그리고 10년, 20년 뒤 이런 통찰을 다시 하게 된다면……. 그러나 아니에요. 그런 통찰은 다시 찾아오지 않아요. 낱말들이 똑같고 개념이 동일하게 보일 수 있지만, 오늘은 그 무게가 예전과는 전혀 달라요. 예전에는 보지 못했던 의미가 갑자기 보이는 거예요.

G: 책들의 경우도 그럴 겁니다. 10년 전쯤 읽었던 책을 오늘 다시 읽는다면, 또 10년 전에 보았던 영화를 다시 본다면, 그 당시에는 보지 못했던 것들을 발견할 겁니다.

J: 그러니까 특정한 의미에서 다른 인간이에요. 이미 상세히 언급한 것인데, 우리 모두는 우리 인생사의 결과예요. 어떤 책을 두번째 읽거나 어떤 영화를 두번째로 본다면, 처음과는 다른 삶의 역사를 갖는 거예요. 두 번 모두 똑같은 강물에 발을 담글 수는 없으니까 말이에요.

G: '첫번째'는 반복될 수 없습니다.

J: 글쎄요, 제가 갑자기 무언가를 정확히 그리고 깊이 이해하는 일이 얼마나 자주 일어나는지 모르겠네요. 백 번까지는 아니겠지만 다섯 번이나 열 번쯤은 있는 것 같아요. 그리고 그것은 대단히 간단해요. 당혹스러울 정도로 간단하죠.

이에 대한 전형적인 예가 있어요. 제가 쓴 책《컴퓨터의 힘과 인간 이성》이 나오고 몇 년 뒤에 제 딸 나오미는 이 책을 읽으라는 학교과제를 받았어요. 그때 나오미가 제게 멋진 편지를 썼는지 아니면 제게 전화를 했는지 정확히는 기억이 안 나요. 아마도 편지를 받은 것 같아요. 편지에서 나오미는 드디어 제 책을 읽게 되었다고 말했어요. 나오미는 그 상황을 무척 즐겁게 여기는 것 같았고, 덧붙여 저에게도 그 책을 읽으라고 간곡히 권했어요.

나오미가 제게 제 책을 읽으라고 간곡히 권한 거예요. 제가 그 책을 어떻게 평가하는지 궁금했던 모양이에요. 그런데 그 책을 쓴 사람은 바로 저예요. 저보고 제 책을 읽으라고 하다니, 나오미의 말은 무슨 뜻이었을까요? 제 기억으로, 나오미는 제가 누구와 싸우는지 궁금하다고 썼어요. 이 대목에서 저는 깜짝 놀랐죠. '나오미는 왜 이 책에 나오는 내 논쟁 상대에 대해 묻는 걸까?' 하지만 그 상대가 미국의 인공지능 엘리트라는 것만큼은 아주 명백했어요.

그러면 어느 지점에서 싸움이 벌어지고 있을까? 아주 근본적으로 볼 때 그 내용은 무엇일까? 논쟁의 본질은 제가 세상은 이진법이 아니라고 생각한다는 데 있어요. 그러니까 0과 1로 이루어진 것만이 아니라는 말이에요. 저는 모든 것을 0과 1의 커다란 고리로 해체할 수 있다고 생각하지 않아요. 세계가 그렇다고 생각하지 않는 거예요.

나오미는 "그러면 세계가 그렇다고 믿는 것은 누구인가요?" 하고 제게 물었어요. 나오미의 말은, 누가 자기 학생들에게 그것을 가르치느냐 하는 질문이 아니라, 누가 자신의 삶에서 그것을 믿느냐 하는 것이었어요. 그런 다음 나오미 스스로 자기 질문에 대해 답변을 했어요.

"아빠, 그것은 아빠 자신이에요. 아빠가 아빠 자신의 논쟁 상대예요. 아빠는 아빠 자신을 상대로 싸우고 있는 거예요. 그리고 이제는 아빠가 그 책에서 뭐라고 쓰고 있는지 읽어보셔야 해요. 아빠의 뜻과 다르게, 그러니까 세계가 0과 1뿐이라는 아빠의 태도와 다르게 씌어진 것을 읽어보셔야 해요."

그것은 현명한 관찰이었어요. 나오미의 말은 예를 들면 아내가 제게 화가 났을 때 즉각 제가 이렇게 생각한다는 것이었어요.

"이제야 내가 진실을 보는군. 아내는 항상 내게 화를 내지. 아내는 날 미워해. 날 좋아하지 않는 거야."

그리고 아내가 제게 사랑스러울 때면, 저는 아내가 때때로 화를 냈다는 사실을 잊었어요. 제가 일상에서 인식하지 못한 것은, 이러한 두 가지 일이 세상에 나란히 존재한다는 점이에요. 양자택일이 없다는 거죠. 하나가 다른 것을 배제하지 못한다는 거예요. 세계 전체가 그래요. 하나의 대립이 제1 명제를 완전히 배제하는 일은 아주 드물어요.

나오미로 인해 중요한 통찰 하나가 생긴 셈인데, 사실을 말하자면 그건 제가 쓴 책 전체의 근거가 되었던 통찰이에요. 저는 그 점에 관해 얼마든지 쓸 수 있고, 또한 수많은 사람들을 납득시킬 수 있어요. 그러나 제가 그 책을 썼음에도 불구하고, 여러 상황에서 그 책 자체를 알지는 못했어요.

G: 이제 따님의 권고를 따라 이 책을 다시 읽으신다면, 오늘날 어떤 구절이 가장 중요하다고 추천하시겠습니까?

J: 그 점에 대해서라면 오래 생각하지 않아도 돼요. 즉, 전혀 숙고할 필요가 없다는 말이에요. 다음의 구절이면 충분할 거예요.

"시민의 용기가 세상을 깊이 감동시키는 사건들과 연관해서만 입증될 수 있다는 것은, 널리 퍼져 있지만 괴롭게도 잘못된 믿음이다. 그 반대로 시민의 용기는 종종 사소한 상황에서 상당한 노력과 대가를 치러야 할 때가 있다. 그런 상황 속에서 직면해야 할 도전은 우리를 엄습하는 불안을 극복하는 데 그 본질이 있다. 우리가 직업적으로 계속 전진하는 것에 대한, 우리 위에 군림하며 권력을 지니고 있는 저들과의 관계에 대한, 우리가 살아가고 있는 현세의 삶을 방해할지도 모를 모든 것에 대한 불안 말이다."

이성의 섬, 고립을 넘어 이성의 대륙으로!

번역 일에 종사하다 보니 컴퓨터에 대한 의존도가 상당히 높다. 컴퓨터가 없거나 '흔글' 프로그램이 없으면 아예 일을 집어치우고 실업자가 되기 십상이다. 컴퓨터는 번역원고를 수정할 때 원고지를 찢어내고 다시 써야 하는 수고를 덜어주고, 생경하고 낯선 다방면의 사안들을 각종 인터넷 사전을 동원하여 파악할 수 있게 해주니, 나에게는 머리와 눈과 손만큼 없어서는 안 될 중요한 작업공구인 셈이다. 그런데 이렇게 유용한 컴퓨터가 군사적 관심과 필요성 때문에 발전하게 되었다고 한다. 참으로 끔찍한 진실이다.

아무런 고민 없이 인터넷 문화를 즐기고 있을 오늘날의 사람들에게 이렇듯 엄중한 진실을 주장하고 나선 사람은 아이러니하게도 20세기 과학기술의 일대 혁명을 가져온 컴퓨터 분야의 선구자라 할 요제프 바이첸바움(1923~2008)이다. 그는 컴퓨터가 무엇보다도 군사적 목적에 사용되는 수단이라고 고발한다. 또한 과학기술의 자율성을 강조하는 주장에 대해 가치로부터 자유로운 과학기술은 없다고 일침을 놓는다. 그의 견해에 따르면 컴퓨터를 비롯한 과학기술의 모든 성과물은 사회적 상황에 의해 가치가 결정된다. 따라서 그는 비판적 사유와 이성이 더욱 중요한 시대가 되었다고 주장한다. 과학적 성과물을 편리함이라는 도구적 이점에 매몰되어 가치판단 없이 선택할 경우, 어리석음과 광기와 무의미 등의 수많은 불합리들이 양산될 것이기 때문이다.

바이첸바움은 이성적이고 인간적으로 행동하는 각각의 인간을 이성의 작은 섬이라고 본다. 그리고 전세계에 걸쳐 벌어졌던 이라크전쟁 반대 시위가 이성의 섬이 존재하고 있음을 보여주는 단적인 예라고 주장한다. 그 역시 베트남전쟁을 반대한 소수의 지식인 중 하나였다. 컴퓨터공학자인 그가 자신의 이념을 당당히 밝히고 반전시위에 참여한 것은, 학생들에게 반전시위가 정당하다는 것을 알려주기 위해서였다. 즉 다른 이성의 섬들과 만나 이성의 대륙을 형성하기 위한 것이었다.

우리나라에서도 이성의 섬들이 존재하고 있고 이성의 대륙이 형성될 수 있음을 확인시켜주는 사건이 진행 중이다. 미국 쇠고기 수입 재협상을 요구하며 연일 이어지고 있는 촛불시위가 그것이다. 생명과 인간을 세상사의 출발점으로 볼 때, 비판적 사유능력이 있는 인간들이 사안을 정확히 들여다보고 자신의 견해를 갖는 것은 지극히 당연하다. 그런데 협상주체들은 국제수역사무국(OIE)의 기준을 '과학적' 근거로 삼았다고 자랑스럽게 주장한다. 요제프 바이첸바움은 비판적 성찰이 빠진 과학기술은 맹목적 믿음 위에 세워진 종교와 다름없다고 지적한다. 우리의 협상단이 그렇게 절대적으로 신봉하는 그 '과학적' 기준을 왜 다른 나라들은 권고사항 정도로만 여기는지 의아할 따름이다.

바이첸바움은 인간이 인간이기 위해서는 다른 인간에게 인간으로 대접받아야 한다고 주장한다. 인간의 본질이 다른 인간과 맺는 관계에 있다고 해도 과언이 아니기 때문이다. 인간은 어떤 식으로든 사회적 상황과 무관하게 살아갈 수 없기 때문에 어느 분야에 종사하든 비판적 성찰의 끈을 놓아서는 안 된다. 하물며 과학기술과 관련된 분야에서는 두말 할 필요도 없는 것이다. 컴퓨터 공학자 바이첸바움이 오늘날의 사회적 상황에 대해 끊임없이 성찰하고 비판적 입장을 견지하며 이성의 섬으로 살아온 것이 좋은 본보기가 될 것이다. 마찬가지로 우리 각자도 이성의 섬으로서 자신의 비판적 사유능력을 펼침으로써 다른 이성의 섬들과 만날 수 있을 것이다.

바이첸바움은 이 대담집에서 인터넷을 비롯한 현대문명을 되짚어보고 그 배후를 캐묻는다. 그리고 하이테크를 무비판적으로 다루는 것에 저항한다. 언뜻 보면 매우 비관적인 시선인 것 같지만, 이 위대한 스승의 사유 밑바닥에는 인간과 인간 이성에 대한 확신이 깔려 있다. 이런 믿음의 바탕 위에서 바이첸바움은 이성의 섬이 고립을 넘어 이성의 대륙에 도달할 수 있다는 기대를 밝힌다.

하나의 집단이 다른 집단의 존재에 대해 알고 있고 그 집단과 접촉하게 된다면, 두 집단은 일종의 다리를 통해 서로 연결될 수 있어요. 그렇게 되면 비교적 커다란 섬 같은 어떤 것이 생겨날 거예요. 저는 점점 더 많은 섬이 연합하여, 우리가 살고 있는 광기의 바다에 언젠가는 이성의 대륙을 형성할 거라는 희망을 갖고 있답니다.

　금년 3월에 85세를 일기로 세상을 떠난 요제프 바이첸바움의 명복을 빌며, 그의 정신이 21세기를 더욱 풍요롭게 만들 자양분이 되기를 기대해본다.

2008년 5월
모 명 숙

이성의 섬

초판 찍은날   2008년 6월 9일   **초판 펴낸날**   2008년 6월 16일

지은이 요제프 바이첸바움 · 군나 벤트 | **옮긴이** 모명숙

펴낸이 변동호
출판실장 옥두석 | **책임편집** 이선미 · 변영신 | **디자인** 김혜영 | **마케팅** 김현중 | **관리** 이정미

펴낸곳 (주)양문 | **주소** (110-260) 서울시 종로구 가회동 172-1 덕양빌딩 2층
전화 02.742.2563~2565 | **팩스** 02.742.2566 | **이메일** ymbook@empal.com
출판등록 1996년 8월 17일(제1-1975호)

ISBN 978-89-87203-93-5 03300   잘못된 책은 교환해 드립니다.